한글마스터
MÁSTER DEL HANGEUL

¿QUÉ ES TALK TO ME IN KOREAN?

Desde el año 2009 Talk To Me In Korean ha proporcionado de forma GRATUITA contenido para aprender coreano en inglés a personas de todo el mundo. Con más de 800 lecciones publicadas en la página oficial de internet en TalkToMeInKorean.com, se ha convertido en la comunidad de estudiantes de coreano más grande del mundo.

Como una comunidad que motiva y nutre a los estudiantes para desarrollar sus habilidades lingüísticas en una variedad de formas divertidas e innovadoras, Talk To Me In Korean ha atraído a casi 2 millones de personas a su página de internet para descargar más de 50 millones de lecciones.

Vísita **_http://www.talktomeinkorean.com_** para conocer la página si es que hasta ahora no lo habías hecho. ¡Estamos seguros de que te encantará!

한글마스터

Índice

Capítulo I

LA HISTORIA DEL 한글
(Hangeul)

El coreano es un idioma hablado por más de 74 millones de personas en la península coreana (estimación del año 2012) y por millones más en todo el mundo. Debido a la creciente popularidad de la cultura coreana, cada vez hay más personas que están aprendiendo coreano como un nuevo idioma. El coreano es escrito con un alfabeto fonético llamado Hangeul (한글), que se traduce como "gran escritura" en español. El Hangeul es considerado como uno de los sistemas de escritura más científicos y eficientes que existen y ha sido difundido como tal por expertos en lingüística de todo el mundo.

La historia del Hangeul

Antes de 1446

Antes de que el Hangeul fuera inventado, el coreano se escribía usando caracteres chinos, llamados Hanja (한자) en coreano, y sólo podían ser aprendidos por la élite y por aquellos que podían permitirse una educación. Escribir coreano con caracteres chinos significaba memorizar miles y miles de caracteres y tratar de ponerlos juntos para usarlos en coreano. Los sonidos y la estructura gramatical del coreano son muy diferentes del chino, por tal motivo, tratar de escribir un mensaje utilizando únicamente Hanja era muy ineficiente.

1446

Durante la Dinastía Joseon (1392-1910), el cuarto rey, Sejong el Grande (quien reinó entre 1418 y 1450), dio a conocer que él realmente despreciaba usar Hanja para escribir coreano. Él deseaba que todo su pueblo fuera capaz de leer y escribir y no sólo aquellos de las clases sociales más altas. El Rey Sejong estaba decidido a crear un nuevo sistema de escritura que fuera lo suficientemente fácil de aprender para el hombre común y que pudiera representar con precisión los sonidos de la voz humana. Él, junto a un comité de académicos, se propusieron a hacer precisamente eso; y el resultado fue un alfabeto de 28 letras ahora conocido como Hangeul. El nuevo sistema de escritura fue anunciado oficialmente el 9 de octubre de 1446 (calendario gregoriano) en un documento llamado 훈민정음 (Hun Min Jeong Eum), que significa "Los Sonidos Propios para la Educación de la Gente." El 9 de octubre es ahora un día de fiesta nacional oficial en Corea y se conoce como 한글날 o "Día del Hangeul".

Después de que el Hangeul fuera anunciado de forma pública y oficial por el Rey Sejong el Grande, fue recibido con cierta resistencia y no se convirtió de inmediato en el sistema oficial de escritura. Hubieron muchos académicos que se opusieron al nuevo sistema de escritura, porque temían que dificultaría las relaciones con China y que contradecía ciertos principios neo-confucianos. Esto le dio al Hangeul una mala reputación y es una de las razones por las cuales al principio no fue aceptado de forma general.

Con el tiempo el Hangeul fue ampliamente utilizado a través de la península coreana, pero todavía no estaba siendo usado por la mayoría de la gente debido a la falta de educación pública del mismo. A pesar de esto, el primer periódico privado, que fue escrito únicamente en Hangeul y en inglés, fue impreso en 1886 y aunque algunos caracteres chinos (Hanja) todavía eran utilizados en los medios impresos, no había tantos como antes. Casi una década después, en 1894, se proclamó que el Hangeul sería utilizado en documentos oficiales y que el uso de Hanja sería un medio secundario de explicación. Con estos grandes pasos para hacer que el Hangeul fuera más popular en Corea, el sueño del Rey Sejong de que todos fueran capaces de leer y escribir parecía estar en el camino del éxito.

Durante el período de la colonización japonesa de Corea, que duró desde 1910 hasta 1945, el japonés se convirtió en el idioma oficial. A fin de mantener el orgullo coreano y la identidad cultural en medio de la asimilación japonesa, a principios de la década de 1910, al Hangeul le fue otorgado su nombre actual de "Hangeul" por los estudiosos del idioma coreano y fue publicado en una revista coreana llamada Dongnip Sinmun. Además, a lo largo de la colonización, los coreanos lucharon para mantener vivo el idioma a través de programas de radio en idioma coreano y con la enseñanza del Hangeul y del coreano hablado en el hogar. Desafortunadamente, el uso del Hangeul y del coreano hablado en público y en las escuelas fue totalmente prohibido en 1938, y poco después, todas las publicaciones en idioma coreano fueron prohibidas en 1941.

Después de que Corea fuera liberada de Japón en 1945, el deseo de Corea por tener independencia y una identidad cultural fue más fuerte que nunca. En ese momento, muchos intelectuales y académicos promovieron la idea de utilizar únicamente 순한글 (sun-han-geul), o "coreano puro", en todos los textos para ayudar a establecer la identidad y la independencia.

En 1988, una nueva compañía de periódicos llamada Periódico Hangyeore (한겨레신문) imprimió su primer número usando sólo Hangeul. Lentamente, pero de forma segura, otras compañías de periódicos siguieron sus pasos. Ahora se puede encontrar casi cualquier tipo de publicación impresa en Corea, desde revistas hasta libros; y de periódicos a cómics, utilizando Hangeul.

A pesar de las dificultades de aceptación y de supervivencia durante la colonización japonesa, el Hangeul se mantuvo fuerte y prevaleció, al igual que el espíritu coreano. Este sistema de escritura práctico y fácil de aprender, que Sejong el Grande desarrolló para que su gente pudiera leer y expresarse por escrito, goza del uso generalizado a lo largo y ancho de Corea y alrededor de todo el mundo. El Hangeul es considerado como uno de los mayores logros intelectuales de todos los tiempos, y tú estás a punto de entrar en ese mundo. ¿Puedes con la tarea? ¿Estás listo para convertirte en un Máster del Hangeul?

¡Vamos a comenzar!

Capítulo II

INTRODUCCIÓN AL 한글
(Hangeul)

El alfabeto coreano lleva el nombre de **한글** (Hangeul), y está compuesto por 24 letras básicas y dígrafos.

*dígrafo: es un par de caracteres o letras utilizadas para representar un sonido (fonema)

Catorce de las letras son consonantes (**자음**), y cinco de ellas pueden ser duplicadas para formar las cinco consonantes dobles (**쌍자음**).

Consonantes

Básicas	ㄱ	ㄴ	ㄷ	ㄹ	ㅁ	ㅂ	ㅅ	ㅇ	ㅈ	ㅊ	ㅋ	ㅌ	ㅍ	ㅎ
	g/k	n	d/t	r/l	m	b/p	s	ng	j	ch	k	t	p	h
	g/k	n	d/t	r/l	m	b/p	s/ɕ	ŋ	dʑ/tɕ	tɕʰ	k/kʰ	t/tʰ	p/pʰ	h

Dobles	ㄲ	ㄸ	ㅃ	ㅆ	ㅉ
	kk	tt	pp	ss	jj
	k'	t'	p'	s'	c'

En cuanto a las vocales (**모음**), existen 10 letras básicas. Se pueden crear 11 letras adicionales al combinar ciertas letras básicas para formar un total de 21 vocales. Ocho de las vocales son puras, también conocidas como monoptongos (**단모음**), y 13 son diptongos (**이중모음**), o sonidos de dos vocales unidas en una sola sílaba para crear un sonido.

*Cuando pronuncias un monoptongo, estás produciendo una vocal pura sin ningún movimiento de la lengua.

*Cuando pronuncias un diptongo, estás produciendo un sonido al pronunciar dos vocales. Por lo tanto, tu lengua y tu boca se mueven rápidamente de una letra a la otra (deslizamiento) en un diptongo para crear un sólo sonido.

Vocales

Monoptongos

ㅏ	ㅓ	ㅗ	ㅜ	ㅡ	ㅣ	ㅐ	ㅔ
a	eo	o	u	eu	i	ae	e
a/aː	ʌ/əː	o/oː	u/uː	ɨ/ɯː	i/iː	ɛ/ɛː	e/eː

Diptongos

ㅑ	ㅕ	ㅛ	ㅠ			ㅒ	ㅖ
ya	yeo	yo	yu			yae	ye
ja	jʌ	jo	ju			jɛ	je

ㅘ	ㅝ					ㅙ	ㅞ
wa	wo					wae	we
wa	wʌ/wəː					wɛ	we

ㅚ	ㅟ	ㅢ
oe	wi	ui
we	wi	ɨi

* ㅚ y ㅟ en el pasado eran pronunciadas como vocales puras (monoptongos); sin embargo, actualmente la mayoría de la gente las pronuncia como dos vocales deslizándose gradualmente la una contra la otra para crear un sonido (diptongo).

Escribiendo 한글

El **한글** se escribe de arriba hacia abajo y de izquierda a derecha. Por ejemplo:

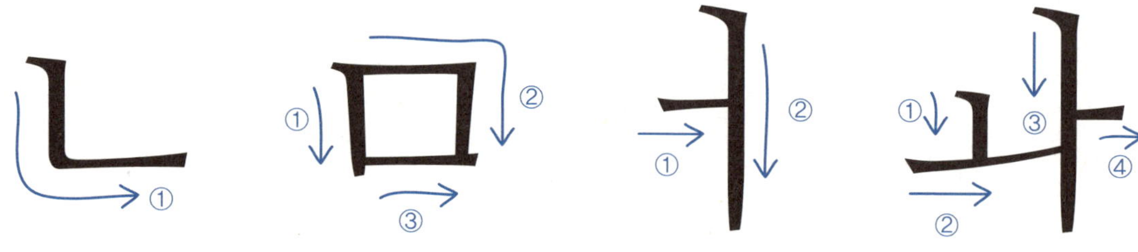

Al asegurarte de seguir las reglas del orden de trazos, te darás cuenta de que escribir en coreano es realmente fácil y otras personas podrán leer mejor tu escritura a mano.

Bloques de sílabas

Cada sílaba en coreano está escrita de modo que forme un bloque, con cada letra dentro del bloque formando una sílaba que es a la vez un sonido.

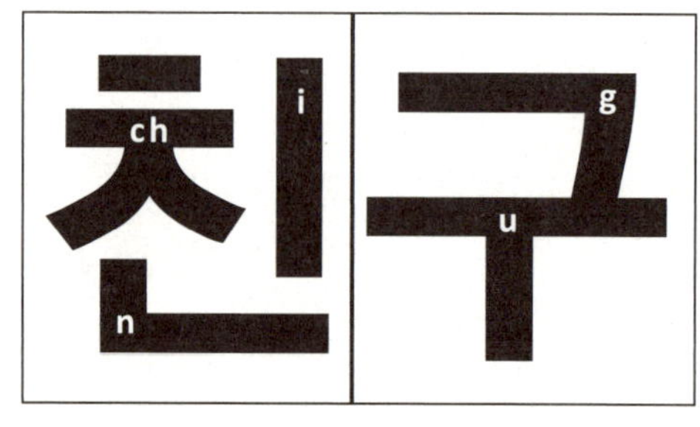

En cada bloque de sílabas hay:

*1. *Una consonante inicial*

*2. *Una vocal intermedia*

3. Una consonante final opcional

** Elementos requeridos en un bloque silábico. Un bloque DEBE contener un mínimo de dos letras: 1 consonante inicial y 1 vocal.*

ㅊ + ㅣ + ㄴ (ch+i+n) = chin

ㄱ + ㅜ (g+u) = gu

친 (chin) + 구 (gu) = 친구 (chingu) = "amigo"

Dos de las formas más comunes de escribir consonantes y vocales en coreano son horizontalmente y verticalmente: (los recuadros aquí utilizados son únicamente para fines ilustrativos).

Al añadir una consonante final (**받침**), los bloques son modificados:

También hay sílabas que tienen dos consonantes finales, tales como:

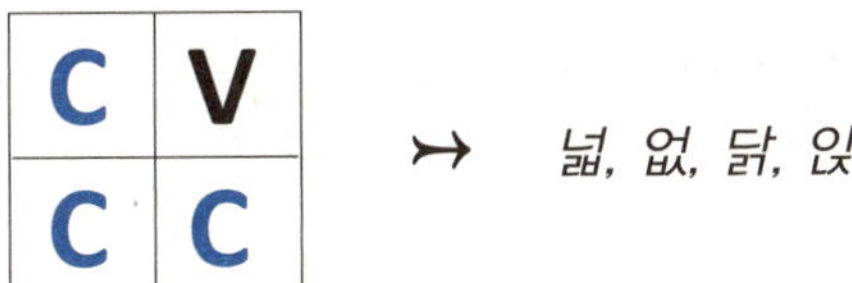

En todos los bloques silábicos las letras son comprimidas o alargadas para mantener un tamaño similar al de las otras letras.

Vocales

Debido a que existe una regla de "un mínimo de dos letras" y la primera letra tiene que ser una consonante, mientras la otra tiene que ser una vocal ¿qué puedes hacer cuando quieres escribir un bloque silábico que empiece con un sonido vocálico? En ese caso escribiremos ㅇ (ng) frente a la vocal o arriba de ella. Cuando leas una vocal, tal como la 아, la ㅇ no produce ningún sonido y sólo se pronuncia la ㅏ [a].

*Las vocales nunca pueden ser escritas por sí mismas, sin una consonante delante, bajo ninguna circunstancia.

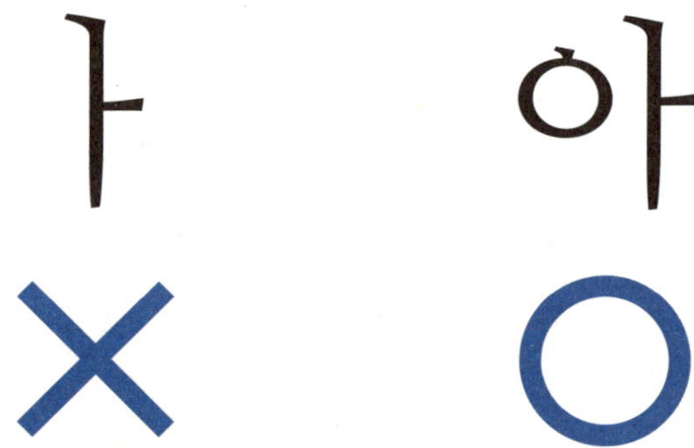

¡Muy bien! Ahora que ya estás equipado con un conocimiento muy básico del 한글,
es hora de estudiar el alfabeto coreano a detalle para que puedas convertirte en un verdadero ¡한글 마스터!
¡Vamos a comenzar!

1. ¿Sabías qué…?
Los coreanos aprenden Hangeul a una edad muy temprana.

Cómo y cuándo aprenden Hangeul los niños coreanos puede variar dependiendo de la familia y de la preferencia de los padres pero en promedio, la mayoría de los niños comienzan a aprender entre los 3 y los 5 años de edad. En el pasado, muchos niños comenzaban a aprender Hangeul justo antes de empezar la escuela primaria, a la edad de 5 años. Pero ahora que los programas de enseñanza preescolar se están convirtiendo en algo común en Corea, algunos niños empiezan a aprender a leer y a escribir a la temprana edad de ¡2 años! También hay muchos casos de niños que están aprendiendo Hangeul en casa con la instrucción de sus padres o incluso por su propia cuenta.

Los métodos utilizados para enseñar Hangeul son similares a los utilizados en la enseñanza del alfabeto en español: tarjetas de memoria, libros de cuentos, libros para practicar la escritura, etc. El Hangeul tiende a ser más fiel al sonido real de una letra, por lo que la ortografía es mucho menos complicada que en otros idiomas como el inglés. Esto significa que hay menos énfasis en ejercicios de deletreo y en ejercicios de dictado, pero más énfasis en la fonética y en la pronunciación correcta.

Capítulo III.

APRENDE HANGEUL

Hangeul	AFI	Suena como	Referencia visual
	[a] [aː]	"a" en "papá", se pronuncia igual que la letra "a" en español.	

ㅏ

Bloque silábico	Orden de trazos	Practica aquí
C V		아 아 아 아

Hangeul	AFI	Suena como	Referencia visual
	[ʌ] [əː]	Esta vocal no existe como tal en español, se romaniza de la siguiente forma "eo", y se pronuncia como "bus" o "gut" en inglés. El sonido más parecido en español es el de la letra "o" pero cuando se pronuncia, se debe abrir más la boca que cuando se pronuncia la "o" y se debe evitar redondear los labios.	

ㅓ

Bloque silábico	Orden de trazos	Practica aquí
C V		어 어 어 어

Hangeul	AFI	Suena como	Referencia visual
	[o] [oː]	"o" en "ojo", se pronuncia igual que la letra "o" en español.	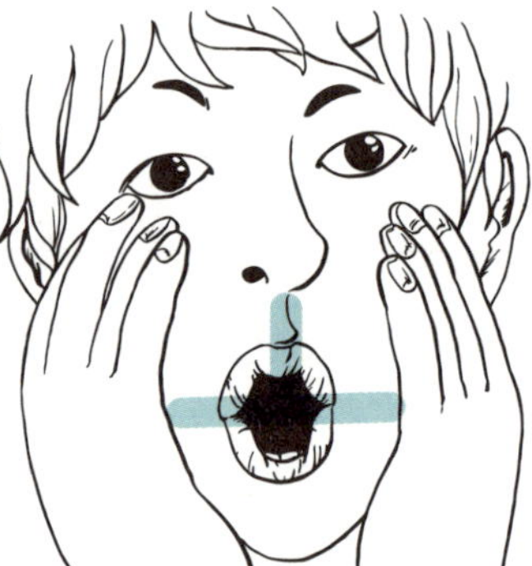

Bloque silábico	Orden de trazos	Practica aquí
C V	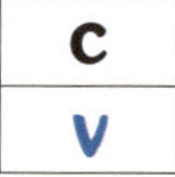	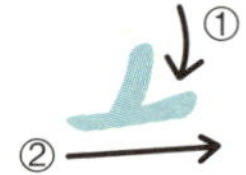  

Hangeul	AFI	Suena como	Referencia visual
	[u] [uː]	"u" en "tu", se pronuncia igual que la letra "u" en español.	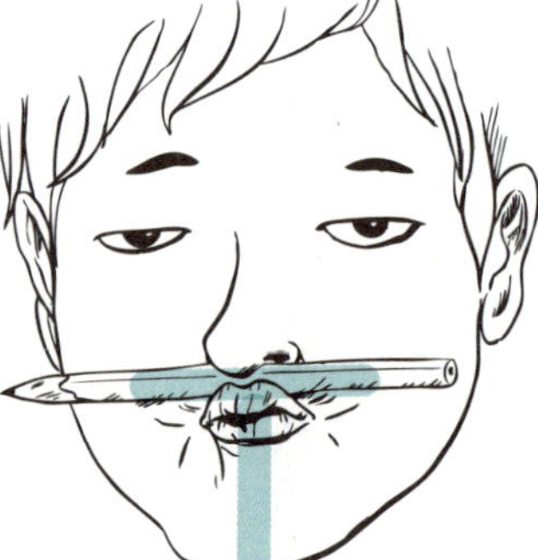

Bloque silábico	Orden de trazos	Practica aquí
C V	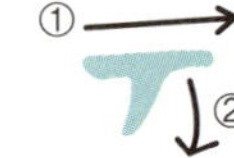	

Capítulo III. Aprende Hangeul

Hangeul	AFI	Suena como	Referencia visual

[ɨ]
[ɯː]

Esta vocal no existe en español pero el sonido más parecido es el de la letra "u" con una posición diferente de la boca. Para pronunciar esta vocal se requiere de una posición bastante única de la boca: con los labios abiertos, acerca tus dientes inferiores a tus dientes superiores (pero sin que se toquen). Empuja las comisuras de tus labios hacia abajo para hacer una cara como si hubieras olido algo podrido. Ahora, sin mover ni los labios ni los dientes di "u".

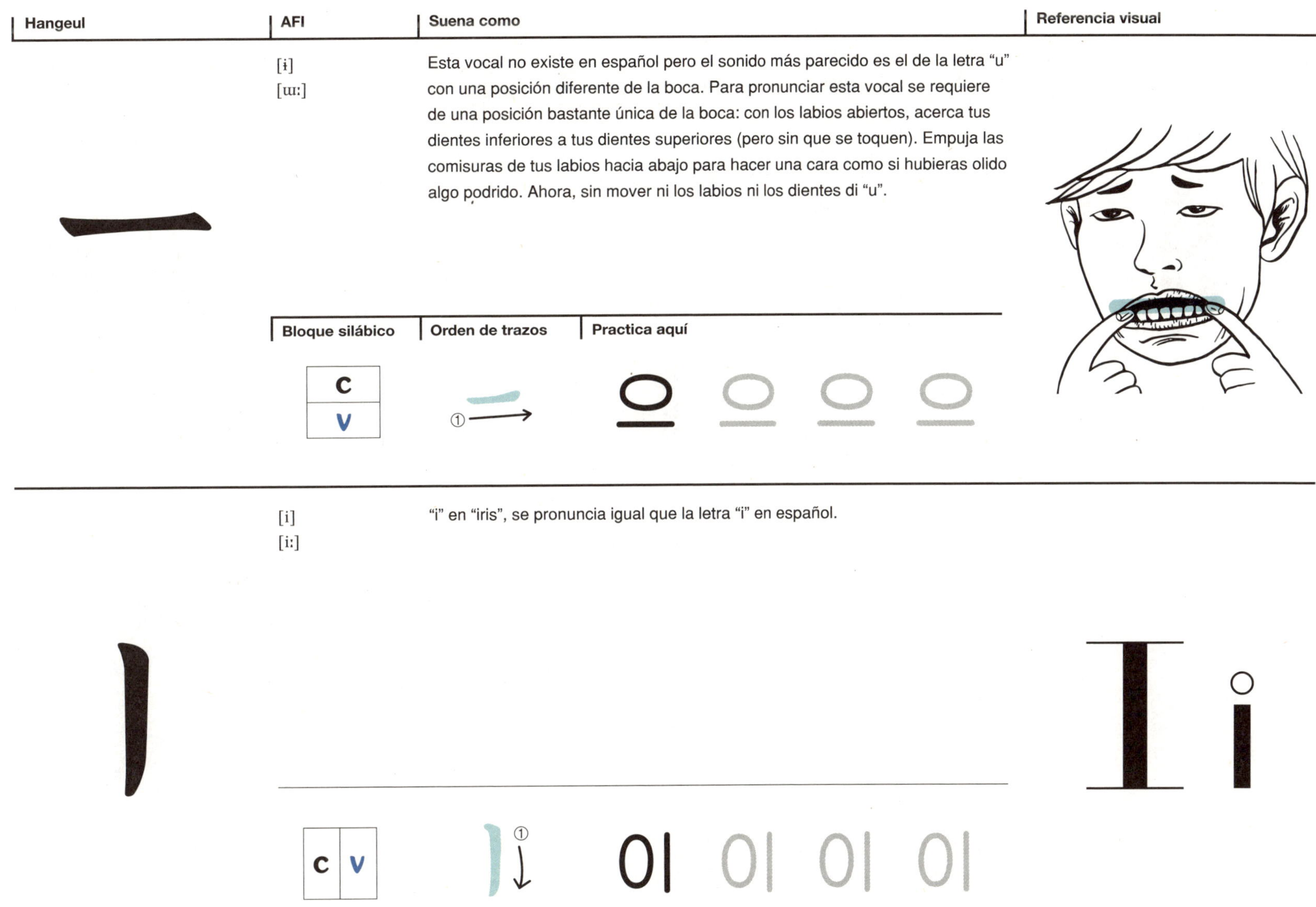

Bloque silábico	Orden de trazos	Practica aquí

[i]
[iː]

"i" en "iris", se pronuncia igual que la letra "i" en español.

Hangeul	AFI	Suena como	Referencia visual

[ɛ]
[ɛ:]

Esta vocal se romaniza de la siguiente forma "ae", y la pronunciación correcta de este sonido es igual al de la letra "e" en español pero abriendo un poco más la boca.

Bloque silábico	Orden de trazos	Practica aquí

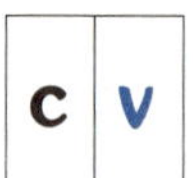

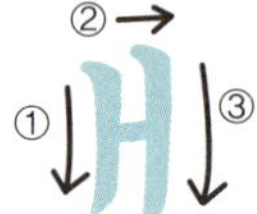

OH OH OH OH

---

[e]
[e:]

"e" en "ele" o "este", se pronuncia igual que la letra "e" en español.
*En teoría ㅐ y ㅔ son sonidos diferentes, sin embargo, en la actualidad la gente los pronuncia casi igual y no se puede distinguir la diferencia entre ambos sonidos.

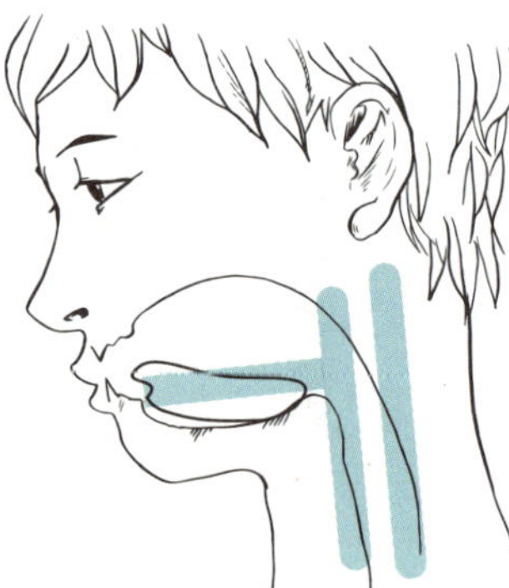

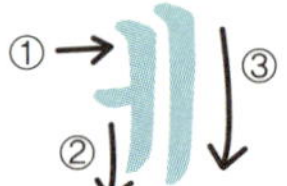

예 예 예 예

Capítulo III. Aprende Hangeul

 **Prueba Rápida**

¡Revisa qué tanto recuerdas!

1. ¿Cómo suena ㅏ?

   (1) "a" como en "papá"

   (2) "e" como en "ele"

   (3) "o" como en "ojo"

   (4) "u" como en "tu"

2. ¿Cuáles son las dos vocales que suenan casi igual?

   (1) 아 y 어

   (2) 오 y 우

   (3) 으 y 이

   (4) 애 y 에

3. ¿Cómo suena ㅣ?

   (1) "eo" como en "bus" (en inglés), como una "o" con la boca más abierta

   (2) "i" como en "iris"

   (3) "ae" como una "e" con la boca más abierta

   (4) "e" como en "este"

 Escucha el audio y rodea con un círculo la vocal que escuches.

🎙 P 1 : 4. (1) 이 (2) 우 (3) 아 (4) 애

🎙 P 2 : 5. (1) 어 (2) 오 (3) 에 (4) 으

🎙 P 3 : 6. (1) 아이 (2) 오우 (3) 으애 (4) 어에

🎙 P 4 : 7. (1) 우에 (2) 애이 (3) 이오 (4) 아어

El audio en formato MP3 puede ser descargado aqui: talktomeinkorean.com/hangeul-audio

Las respuestas están en la página 158.

Unidad II. Consonantes (자음), Parte 1

Hangeul	AFI	Suena como	Referencia visual
ㄱ	[g]	Esta consonante se puede pronunciar de dos formas diferentes de acuerdo a su posición en la sílaba. En la posición inicial de la sílaba se pronuncia de forma parecida a la letra "k" o a la letra "c" en español pero de forma relajada, se debe tener mucho cuidado al pronunciarla puesto que si se pronunciara con tensión sonaría como la consonante coreana " ㄲ ". En la posición intervocálica se pronuncia igual a la letra "g" en español como en "gato".	

Bloque silábico	Orden de trazos	Practica aquí
C V / C V	ㄱ①	가　가　고　고

Hangeul	AFI	Suena como	Referencia visual

[n]

"n" en "no" se pronuncia igual que la letra "n" en español.

ㄴ

Bloque silábico	Orden de trazos	Practica aquí

나 나 노 노

---

[d]
[t]

Esta consonante se puede pronunciar de dos formas diferentes de acuerdo a su posición en la sílaba.

En la posición inicial de la sílaba se pronuncia como una "t" en español pero más relajada, se debe tener mucho cuidado al pronunciarla puesto que si se pronunciara con tensión sonaría como la consonante coreana "ㄸ".

En la posición intervocálica se pronuncia como la letra "d" en español, como en "todo".

ㄷ

다 다 도 도

Hangeul	AFI	Suena como	Referencia visual

ㄹ

[r]
[l]

Esta consonante se puede pronunciar de dos formas diferentes de acuerdo a su posición en la sílaba.

En la posición inicial de una palabra esta consonante coreana suena como la "r" suave en español pero nunca como la "rr".

En la posición intervocálica también suena como la "r" suave en español.

Cuando esta consonante aparece al final de una sílaba y al inicio de la sílaba contigua al mismo tiempo se pronuncia como la letra "l" en español.

Delante de otra consonante o al final de una palabra también se pronuncia como la letra "l" en español.

Bloque silábico	Orden de trazos	Practica aquí

C	V
C	
V	

라 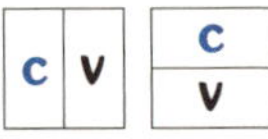 로 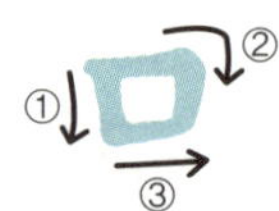

---

[m]

Esta consonante suena igual que la letra "m" en español como en "mamá" o en "mimo".

ㅁ

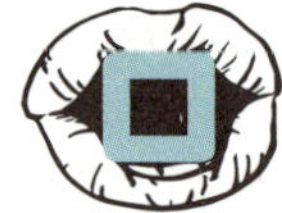

C	V
C	
V	

아  모 

Capítulo III. Aprende Hangeul

[b]
[p]

Esta consonante se puede pronunciar de dos formas diferentes de acuerdo a su posición en la sílaba.

En la posición inicial de la sílaba se pronuncia de forma similar a la letra "p" en español pero de forma más relajada. Se debe tener mucho cuidado al pronunciarla puesto que si se pronunciara con tensión sonaría como la consonante coreana "ㅃ".

En la posición intervocálica, esta consonante suena igual que la letra "b" en español.

"ㅂ" se pronuncia con la misma forma de la boca que "ㅁ", en su escritura las dos líneas extra representan al soplido de aire que se requiere al separar los labios para pronunciarla de forma correcta.

ㅂ

Bloque silábico	Orden de trazos	Practica aquí

바 바 보 보

---

[s]
[ɕ]

Esta consonante es similar a la letra "s" en español pero su pronunciación es más relajada y débil.

Cuando se encuentra ante algunas vocales, como el sonido ㅣ se palataliza y se pronuncia como una "sh" en inglés como en la palabra "sheep". El mismo fenómeno ocurre cuando se encuentra con algunas vocales compuestas.

ㅅ

사 사 소 소

[ŋ]

Esta consonante tiene dos funciones:

1) No tiene ningún sonido cuando se escribe antes de una vocal. La única letra que se pronuncia es la vocal que le sigue, igual que la letra "h" en español al inicio de una palabra, como en "hablar" o "hacer".

2) Cuando ㅇ se escribe después de una vocal produce el sonido "ng" como en "ring" o en "gong".

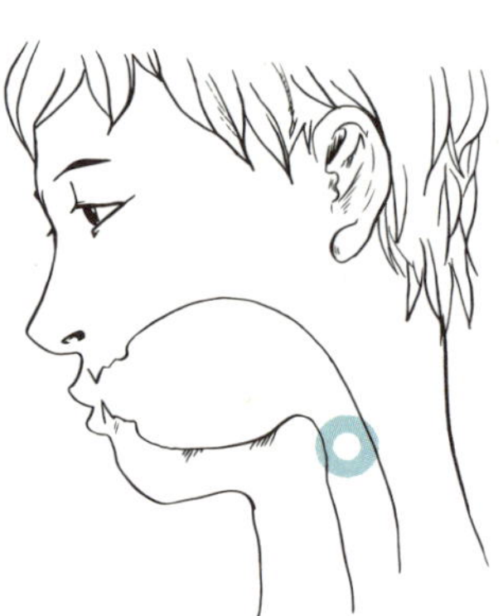

| Bloque silábico | Orden de trazos | Practica aquí |

 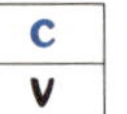 

아 아 오 오

[dʑ]
[tɕ]

Esta consonante se pronuncia como la "j" en inglés como en "Jill".
Esta pronunciación no existe como tal en español pero el sonido más parecido sería el de la "ch" aunque de forma más relajada y sin tensarse.

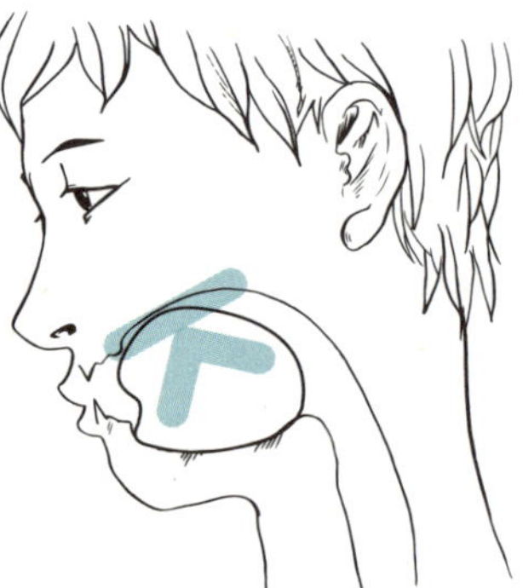

 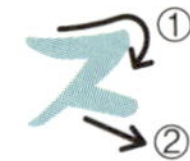 

자 자 조 조

 **Prueba Rápida**

¡Revisa qué tanto recuerdas!

1. ¿Cómo suena ㄱ ?

   (1) "g" como en "gato"

   (2) "t" como en "todo"

   (3) "n" como en "no"

   (4) "b" como en "bebé"

2. ¿Cuál consonante no tiene sonido cuando se escribe antes de una vocal?

   (1) ㅈ

   (2) ㅇ

   (3) ㅁ

   (4) ㄷ

3. ¿Cómo se tienen que escribir ㅈ y ㅜ para crear una sílaba?

   (1) ㅈㅜ

   (2) ㅜㅈ

   (3) 주

   (4) 추

 **Escucha el audio y rodea con un círculo los sonidos que escuches.**

🎙 **P 5**   4. (1) 사 (2) 자 (3) 다 (4) 바

🎙 **P 6**   5. (1) 로 (2) 모 (3) 노 (4) 오

🎙 **P 7**   6. (1) 나라 (2) 나마 (3) 라나 (4) 라마

🎙 **P 8**   7. (1) 고보 (2) 고모 (3) 도보 (4) 도모

Las respuestas están en la página 158.

Hangeul	AFI	Suena como	Referencia visual
ㅊ	$[t\textcent^{h}]$	ㅊ se pronuncia con la misma posición de la lengua que cuando se pronuncia ㅈ, en su escritura la línea adicional en la parte superior representa una expulsión de aire más rápida y fuerte. Se pronuncia de forma similar a la "ch" en español pero con una fuerte aspiración como en las palabras "chain", o "cheat" en inglés.	ㅊ

Bloque silábico	Orden de trazos	Practica aquí
C V / C V	ㅊ	차 차 초 초

Hangeul	AFI	Suena como	Referencia visual
ㅋ	$[k]$ $[k^{h}]$	ㅋ se pronuncia con la misma posición de la lengua que ㄱ, y en su escritura la línea adicional representa una expulsión de aire más rápida y fuerte. Se pronuncia igual a la "k" en "Korea" cuando se dice en inglés.	ㄱㅋ

Bloque silábico	Orden de trazos	Practica aquí
C V / C V	ㅋ	카 카 코 코

[t]
[tʰ]

ㅌ se pronuncia con la misma posición de la lengua que ㄷ, y en su escritura la línea adicional representa una expulsión de aire más rápida y fuerte.

Se pronuncia igual a la "t" en inglés en palabras como "tape" o "teeth".

Bloque silábico | **Orden de trazos** | **Practica aquí**

타 타 토 토

[p]
[pʰ]

ㅍ se pronuncia con la misma posición de la boca que ㅁ y ㅂ, y en su escritura las líneas adicionales representan una expulsión de aire más rápida y fuerte.

Se pronuncia igual a la "p" en inglés en palabras como "power" o "permanent".

파 파 포 포

[h]

Esta consonante puede cambiar su pronunciación de acuerdo a su posición en la sílaba.

En la posición inicial de la sílaba se pronuncia de forma similar a la letra "j" en español pero un poco más débil y se debe evitar que el sonido vibre en el paladar, la pronunciación es cercana a las palabras "harmony" o "hat" en inglés.

Cuando se encuentra entre algunos sonidos su pronunciación se debilita o incluso puede desaparecer.

Bloque silábico	Orden de trazos	Practica aquí

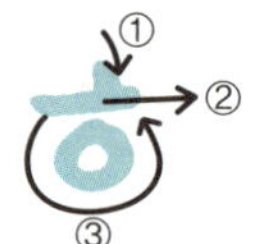

하 하 호 호

 **Prueba Rápida**

¡Revisa qué tanto recuerdas!

1. ¿Cómo suena ㅎ ?

(1) "t" como en "tape" o "teeth" (en inglés)

(2) "p" como en "power" o "permanent" (en inglés)

(3) "ch" como en "chain" o "cheat" (en inglés)

(4) "h" como en "harmony" o "happy" (en inglés)

2. ¿Cómo suena ㅋ ?

(1) "g" como en "gato"

(2) "k" como en "Korea" (en inglés)

(3) "p" como en "power" (en inglés)

(4) "t" como en "tape" o "teeth" (en inglés)

3. ¿Cómo se deben de escribir ㅌ y ㅓ para crear una sílaba?

(1) ㅌㅓ

(2) ㅓㅌ

(3) ㅌ
　　ㅓ

(4) ㅓ
　　ㅌ

 **Escucha el audio y rodea con un círculo los sonidos que escuches.**

🎙 **P9** ┊ 4. (1) 차 (2) 카 (3) 타 (4) 파

🎙 **P10** ┊ 5. (1) 포 (2) 코 (3) 초 (4) 토

🎙 **P11** ┊ 6. (1) 초코 (2) 토코 (3) 포호 (4) 호초

🎙 **P12** ┊ 7. (1) 카초 (2) 코차 (3) 타코 (4) 토카

Las respuestas están en la página 158.

Ejercicios y prácticas (Unidad I ~ Unidad III)

Completa la tabla

Las respuestas están en la página 158.

	ㄱ	ㄴ	ㄷ	ㄹ	ㅁ	ㅂ	ㅅ	ㅇ	ㅈ	ㅊ	ㅋ	ㅌ	ㅍ	ㅎ	
가															ㅏ
거															ㅓ
															ㅗ
															ㅜ
															ㅡ
															ㅣ
															ㅐ
															ㅔ

Escucha el audio y completa las sílabas. 🎤 **P13**

ㅏ   ㅐ   ㅗ   ㅡ   ㅁ   ㅂ   ㅎ   ㅅ

Las respuestas están en la página 158.

Practica leyendo y escribiendo palabras en coreano usando lo que has aprendido hasta ahora. 🎤 Pista 4

개

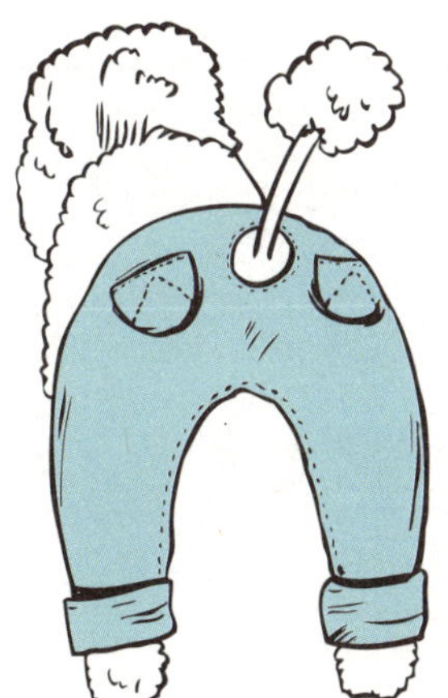

바지

코

나무

다리

모자

아기

치마

Las siguientes palabras son anglicismos asimilados al idioma coreano. Lee cada una en voz alta y marca el equivalente de la palabra en inglés de la cual creas que se derive.

라디오   (1) radiator   (2) radio   (3) rabbit   (4) lady

피자   (1) pizza   (2) Fiji   (3) peace   (4) pyjamas/pajamas

버스   (1) but   (2) burst   (3) both   (4) bus

커피   (1) cuppa   (2) coffee   (3) copy   (4) cafe

테이프   (1) taffy   (2) tofu   (3) tape   (4) tap

Las respuestas están en la página 158.

Hangeul	AFI	Suena como	Referencia visual
	[ja]	Se pronuncia igual que "ya" en español como en "yate", o como "ia" cuando se pronuncia rápidamente.	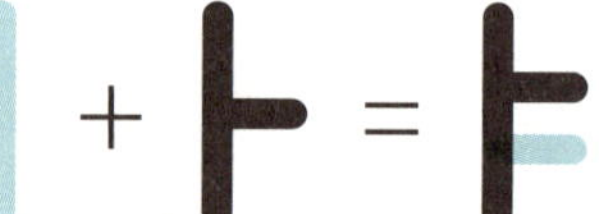

Bloque silábico	Orden de trazos	Practica aquí
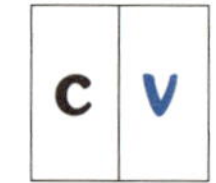	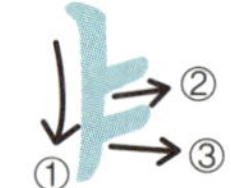	야 야 야 야

Hangeul	AFI	Suena como
	[jʌ]	La romanización de esta sílaba es "yeo" y se pronuncia como las palabras "yummy" o "yucky" en inglés. Es como una "y" en español cuando se pronuncia antes de una vocal y el sonido de la vocal coreana ㅓ. Se debe tener cuidado de no pronunciarla como "yo".

Bloque silábico	Orden de trazos	Practica aquí
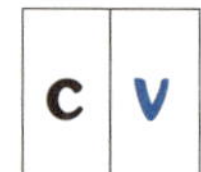	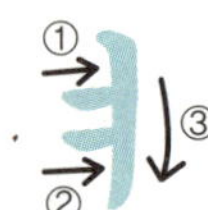	여 여 여 여

| Hangeul | AFI | Suena como | Referencia visual |

[jo]

Se pronuncia igual que "yo" en español como en "yoga", o como "io" cuando se pronuncia rápidamente.

| Bloque silábico | Orden de trazos | Practica aquí |

| C |
| V |

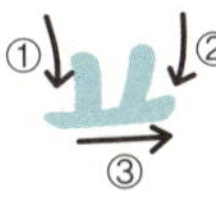    

[ju]

Se pronuncia igual que "yu" en español como en "yugo", o como "iu" cuando se pronuncia rápidamente.

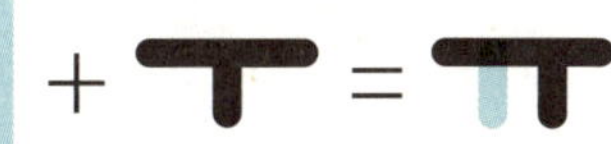

| C |
| V |

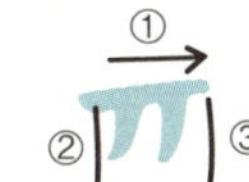   

[jɛ]

Se pronuncia igual que "ye" en español pero abriendo un poco más la boca, es casi igual a ㅖ .

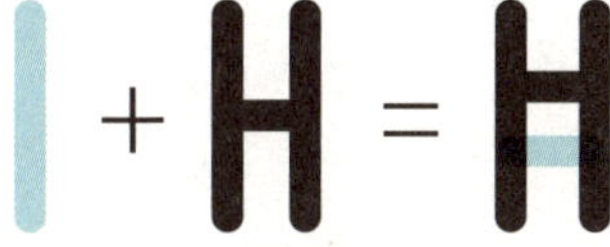

| C | V |

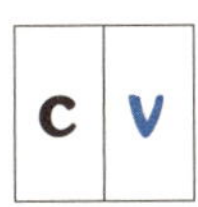 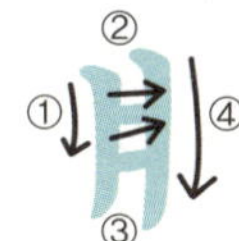

Hangeul	AFI	Suena como	Referencia visual

[je]

Se pronuncia igual que "ye" en español como en "yema", o como "ie" cuando se pronuncia rápidamente.

Bloque silábico	Orden de trazos	Practica aquí

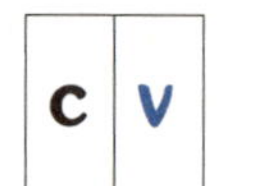

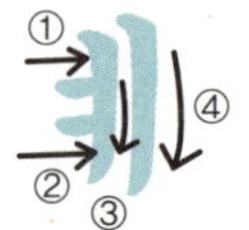

예 예 예 예

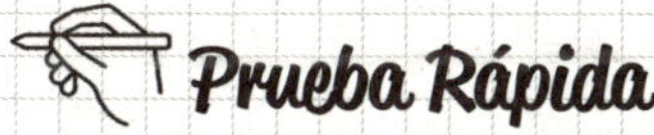 **Prueba Rápida**

¡Revisa qué tanto recuerdas!

1. ¿Cómo suena ㅑ ?

   (1) "ye" como en "yema"

   (2) "yu" como en "yugo"

   (3) "yo" como en "yoga"

   (4) "ya" como en "yate"

¿Cuáles son las dos vocales que suenan casi igual?

   (1) ㅑ y ㅒ

   (2) ㅓ y ㅖ

   (3) ㅑ y ㅓ

   (4) ㅒ y ㅖ

3. ¿Cómo se deben escribir ㅐ y ㅈ para crear una sílaba?

   (1) ㅐㅈ

   (2) ㅈㅐ

   (3) ㅈ
ㅐ

   (4) ㅐ
ㅈ

 **Escucha el audio y rodea con un círculo los sonidos que escuches.**

P14   4. (1) 갸 (2) 겨 (3) 교 (4) 규

P15   5. (1) 쿄 (2) 챠 (3) 폐 (4) 텨

P16   6. (1) 유야 (2) 유여 (3) 유예 (4) 유요

P17   7. (1) 냐뮤 (2) 녀뮤 (3) 냐묘 (4) 녀묘

Las respuestas están
en la página 159.

Hangeul	AFI	Suena como
	[wa]	Se pronuncia igual que "wa" o "ua" en español, como en "huarache" o "Huatulco".

Bloque silábico	Orden de trazos	Practica aquí
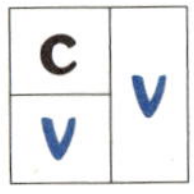	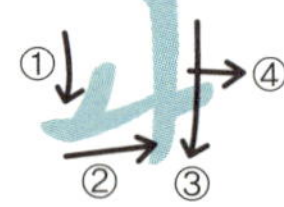	와 와 와 와 와 와

| | [wʌ] / [wəː] | Se pronuncia como una ㅜ corta seguida de ㅓ, como "wo" en "wonderful" o "work" en inglés. |

| 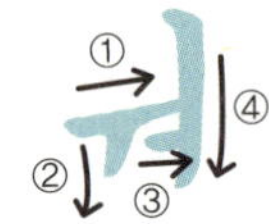 | | 워 워 워 워 워 워 |

Hangeul	AFI	Suena como

내

[wɛ] — Se pronuncia igual que "ue" en español, como en "hueco" o "huevo".

Bloque silábico	Orden de trazos	Practica aquí

왜 왜 왜 왜 왜 왜

[we] — Se pronuncia igual que "ue" en español, como en "hueco" o "huevo".

뒈

웨 웨 웨 웨 웨 웨

[we] — Se pronuncia igual que "ue" en español, como en "hueco" o "huevo".
Esta combinación de ㅗ e ㅣ, da la impresión de que debería pronunciarse como "oi" pero esta es una excepción y se pronuncia igual que 내 o 뒈.

뇌

외 외 외 외 외 외

| | [wi] | Se pronuncia como "wi" en la palabra "kiwi" o como "ui" en "huichol" o "huidizos". |

ᅱ

Bloque silábico	Orden de trazos	Practica aquí
C V / V		위 위 위 위 위 위

| | [ii] | Cuando se pronuncia esta vocal por sí misma, hay que cambiar rápidamente de decir — a decir ㅣ. Cuando se combina con cualquier consonante excepto ㅇ, esta vocal se pronuncia como ㅣ, por ejemplo en 늬 o 희. |

ᅴ

Bloque silábico	Orden de trazos	Practica aquí
C V / V		의 의 의 의 의 의

Prueba Rápida

¡Revisa qué tanto recuerdas!

1. ¿Cómo suena ㅘ ?

(1) "ue" como en "hueco"

(2) "ua" como en "huarache"

(3) "wo" como en "wonderful" (en inglés)

(4) "wi" como en "kiwi"

2. ¿Cuál sílaba que contenga ㅢ suena diferente de la otras tres?

(1) 의

(2) 희

(3) 늬

(4) 긔

3. Elige la vocal que suena diferente de las otras tres.

(1) ㅟ

(2) ㅙ

(3) ㅞ

(4) ㅚ

 **Escucha el audio y rodea con un círculo los sonidos que escuches.**

P18 4. (1) 와 (2) 워 (3) 왜 (4) 위

P19 5. (1) 와워 (2) 웨위 (3) 의위 (4) 왜워

P20 6. (1) 놔 (2) 뭐 (3) 눼 (4) 붜

P21 7. (1) 놔줘 (2) 눠줘 (3) 놔줴 (4) 눠줴

Las respuestas están en la página 159.

Ejercicios y prácticas (Unidad IV ~ Unidad V)

Completa la tabla

	ㅑ	ㅕ	ㅛ	ㅠ	ㅐ	ㅔ	ㅘ	ㅝ	ㅙ	ㅞ	ㅚ	ㅟ	ㅢ
ㄱ	갸												
ㄴ	냐												
ㄷ													
ㄹ													
ㅁ													
ㅂ													
ㅅ													
ㅇ													
ㅈ													

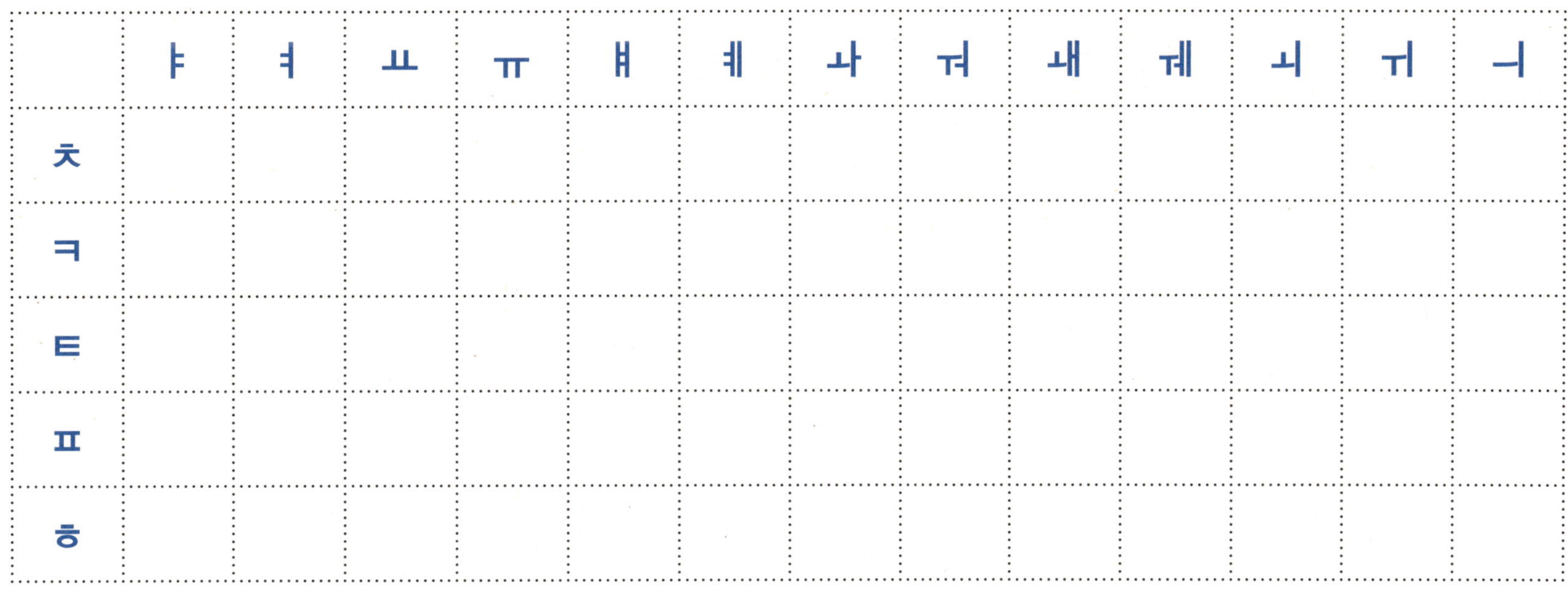

Escucha el audio y completa las sílabas. 🎤 P22

Las respuestas están en la página 159.

Las respuestas están en la página 160.

Practica leyendo y escribiendo palabras en coreano usando lo que has aprendido hasta ahora.

Pista 7

귀

시계

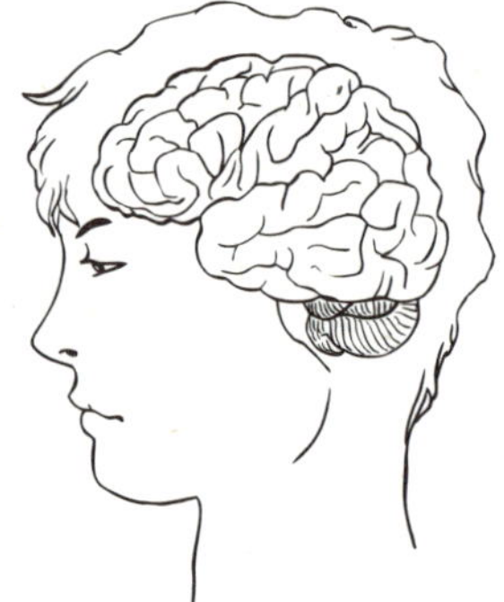

뇌

우유

의사

사과

의자

돼지

가위 __ __

과자 __ __

Las siguientes palabras son anglicismos asimilados al idioma coreano. Lee cada una en voz alta y marca el equivalente de la palabra en inglés de la cual creas que se derive.

티슈 (1) teasing (2) t-shoes (3) t-shirt (4) tissue

웨이터 (1) wait (2) way train (3) waiter (4) water

키위 (1) keyword (2) kiwi (3) keyway (4) Key West

와이프 (1) wife (2) whimper (3) wipe (4) wiper

화이트보드 (1) Hawaii too bored (2) height board (3) hardboard (4) whiteboard

Las respuestas están en la página 160.

Unidad VI. Bat-chim (받침, Consonantes finales)

Coloca la palma de tu mano justo delante de tu boca y di la palabra "bat" como un bate de béisbol pero en inglés. ¿Sientes un golpe de aire en tu palma al pronunciar la "t"? Si es así, trata de pronunciar la palabra "bat" otra vez pero sin dejar escapar ningún aire que golpee tu mano. Recuerda cómo se siente porque en general este es el resultado que querrás obtener cuando pronuncies cualquiera de estas consonantes finales que en coreano se conocen como 받침.

Hangeul		AFI	Suena como
ㄱ		$[\overset{\lnot}{g}]$ $[\overset{\lnot}{k}]$	Como 받침, ㄱ y ㅋ no producen ningún sonido. Toma como ejemplo la palabra "doctor" tal como se pronuncia en inglés, que es más suave que en español. Ahora dividela en dos sílabas, "doc" y "tor". Cuando dices "doc" de forma suave, el aire y el sonido son detenidos por completo debido a la tensión en la garganta y a la parte posterior de la lengua que se eleva para bloquear el aire y el sonido. Esta es la sensación que debes obtener al pronunciar ㄱ o ㅋ como consonantes finales o 받침.

	Bloque silábico	Orden de trazos	Practica aquí
ㄱ	C V / C — C V C	ㄱ ①	악 악 악 옥 옥 옥

Hangeul		AFI	Suena como
ㅋ		$[\overset{\lnot}{k}]$ $[k^{\overset{\lnot}{h}}]$	ver ㄱ

	Bloque silábico	Orden de trazos	Practica aquí
ㅋ	C V / C — C V C	ㅋ ① ②	억 억 억 윽 윽 윽

Hangeul	AFI	Suena como
	[n̚]	"n" como en "flan" o "volcán"

Bloque silábico	Orden de trazos	Practica aquí
C V / C C / V / C	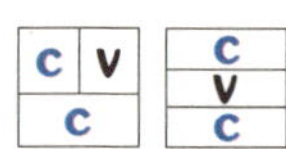 ①	안 안 안 온 온 온

Hangeul	AFI	Suena como
ㄷ	[d̚] [t̚]	Esta consonante suena como "t" en palabras como "cat" o "bat" en inglés cuando se usa como 받침, pero debes asegurarte de no hacerlo con fuerza para evitar exhalar un golpe de aire, hazlo tal como lo practicaste en la palma de tu mano.

Bloque silábico	Orden de trazos	Practica aquí
C V / C C / V / C	① 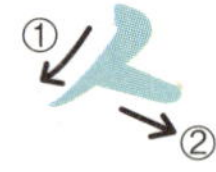 ②	얻 얻 얻 곧 곧 곧

Hangeul	AFI	Suena como
ㅅ	[s̚] [ɕ̚]	Como consonante final se pronuncia igual que "ㄷ".

Bloque silábico	Orden de trazos	Practica aquí
C V / C C / V / C	①  ②	앗 앗 앗 옷 옷 옷

Capítulo III. Aprende Hangeul

Hangeul		AFI	Suena como
ㅈ		[dʑ˺] [tɕ˺]	Como consonante final se pronuncia igual que "ㄷ".

Bloque silábico	Orden de trazos	Practica aquí
C V / C — C V C		엊 엊 엊 곳 곳 곳

Hangeul		AFI	Suena como
ㅊ		[tɕʰ˺]	Como consonante final se pronuncia igual que "ㄷ".

Bloque silábico	Orden de trazos	Practica aquí
C V / C — C V C		갗 갗 갗 옻 옻 옻

Hangeul		AFI	Suena como
ㅌ		[t˺] [tʰ˺]	Como consonante final se pronuncia igual que "ㄷ".

Bloque silábico	Orden de trazos	Practica aquí
C V / C — C V C		앝 앝 앝 읕 읕 읕

| | [h˺] | Como consonante final se pronuncia igual que " ㄷ ". |

Bloque silábico	Orden de trazos	Practica aquí

 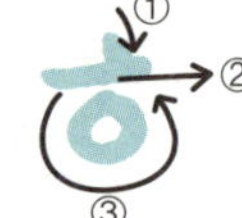 

| | [r̚]
[l̚] | Suena igual a la "l" final en español cuando se usa como **받침**. |

Bloque silábico	Orden de trazos	Practica aquí

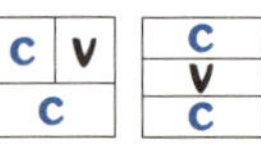 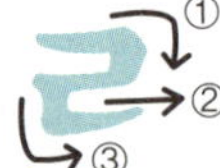    

| | [m˺] | Suena igual a la "m" final en español en la palabra "albúm". |

Bloque silábico	Orden de trazos	Practica aquí

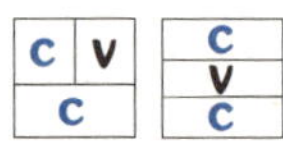 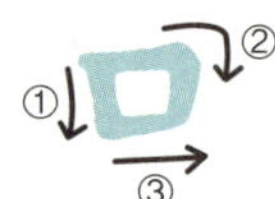   

Hangeul		AFI	Suena como
		[b˺] [p˺]	Suena igual a la "p" en palabras como "cap" o "tap" en inglés.

ㅂ

Bloque silábico	Orden de trazos	Practica aquí
C V / C C V C		압 압 압 옵 옵 옵

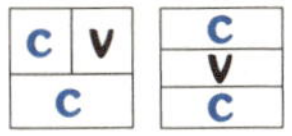

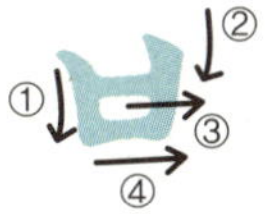

	AFI	Suena como
	[p˺] [pʰ˺]	ver " ㅂ "

ㅍ

Bloque silábico	Orden de trazos	Practica aquí
C V / C C V C		앞 앞 앞 읖 읖 읖

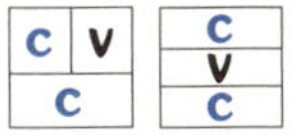

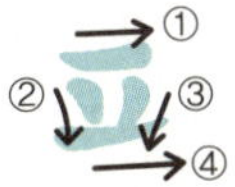

	AFI	Suena como
	[ŋ˺]	Suena como "ng" en palabras como "ring" o "gong" cuando se usa como **받침**.

ㅇ

Bloque silábico	Orden de trazos	Practica aquí
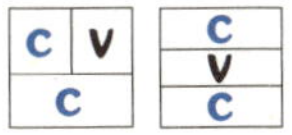 C V / C C V C	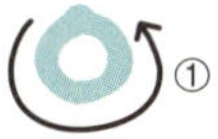	앙 앙 앙 옹 옹 옹

Prueba Rápida

Revisa tu entendimiento de 받침 con esta prueba.

1. Elige la letra que suena diferente de las otras tres cuando se utiliza como 받침(Bat-chim).

   (1) ㄱ

   (2) ㄷ

   (3) ㅅ

   (4) ㅈ

2. ¿Cuál consonante suena igual que ㅂ cuando se utiliza como 받침(Bat-chim)?

   (1) ㅁ

   (2) ㅊ

   (3) ㅍ

   (4) ㅎ

3. ¿Cómo suena ㅇ cuando se utiliza como 받침(Bat-chim)?

   (1) No produce ningún sonido.

   (2) Suena como "h" en "harmony" o "hat".

   (3) Suena igual que ㄷ.

   (4) Suena como "ng" en "ring" or "gong".

4. Si esta consonante es colocada frente a una vocal es pronunciada de forma diferente que cuando se coloca como 받침 (consonante final). ¿Para cuál de las siguientes consonantes es válida esta descripción?

   (1) ㅁ

   (2) ㄴ

   (3) ㅍ

   (4) ㅊ

Escucha el audio y rodea con un círculo los sonidos que escuches.

P23 : 5. (1) 감 (2) 간 (3) 갈 (4) 갑

P24 : 6. (1) 솜 (2) 송 (3) 손 (4) 솔

P25 : 7. (1) 손님 (2) 솔림 (3) 송임 (4) 소님

Las respuestas están en la página 160.

Unidad VII. Consonantes dobles (쌍자음)

Hangeul	AFI	Suena como
	[k']	Esta consonante es similar a la "k" en español pero se debe pronunciar más fuerte y tensionando la lengua y la garganta. Es similar a la "ch" después de la "s" en inglés, como en las palabras "school" o "scheme".

ㄲ

Bloque silábico	Orden de trazos	Practica aquí
C V / C V		까 까 까 꼬 꼬 꼬

| | [t'] | Se pronuncia como la letra "t" en español, como en la palabra "tío" o "tomate". |

ㄸ

Bloque silábico	Orden de trazos	Practica aquí
C V / C V	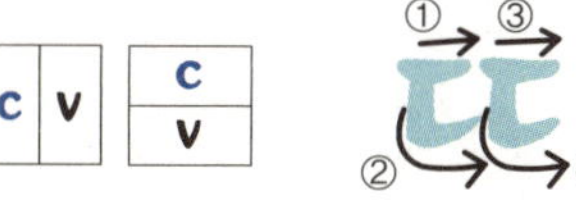	따 따 따 또 또 또

빠

AFI	Suena como
[p']	Se pronuncia como la "p" en español pero un poco más fuerte, tensionando la lengua y la garganta, como cuando gritas "papá".

Bloque silábico		Orden de trazos	Practica aquí
C V	C / V		빠 빠 빠 뽀 뽀 뽀

ㅆ

AFI	Suena como
[s']	Se pronuncia de forma similar a la "s" en español pero un poco más fuerte, tensionando la lengua y la garganta, como cuando te emocionas y gritas un "sí" a todo pulmón. Otros ejemplos a considerar son las palabras "sit" o "subway" en inglés.

Bloque silábico		Orden de trazos	Practica aquí
C V	C / V		싸 싸 싸 쏘 쏘 쏘

ㅉ

AFI	Suena como
[c']	Este es un sonido que no existe en español, lo más aproximado sería tratar de pronunciar la letra "d" seguida de la "ch" pero mucho más fuerte, el sonido se produce al tensar la garganta mientras se pronuncia el sonido ㅈ. Un sonido parecido serían las palabras "judge" o "jug" en inglés pero pronunciadas con más énfasis.

Bloque silábico		Orden de trazos	Practica aquí
C V	C / V		짜  짜  짜  쪼  쪼  쪼

Capítulo III. Aprende Hangeul

 **Prueba Rápida**

¡Resuelve las siguientes preguntas para ver cuánto recuerdas!

1. Cinco de las catorce consonantes se duplican para formar las cinco consonantes dobles. ¿Cuál de las siguientes consonantes no puede ser duplicada para formar 쌍자음?

    (1) ㄱ

    (2) ㄴ

    (3) ㄷ

    (4) ㅈ

2. ¿Cómo suena ㅃ ?

    (1) "t" como en "tomate"

    (2) "ch" como en "school" (en inglés)

    (3) "p" como en "papá"

    (4) "s" como en "sit" (en inglés)

 Escucha el audio y rodea con un círculo los sonidos que escuches.

P26   3. (1) 방   (2) 빵   (3) 팡

P27   4. (1) 금   (2) 끔   (3) 큼

P28   5. (1) 땀   (2) 담   (3) 탐

P29   6. (1) 장   (2) 짱   (3) 창

P30   7. (1) 선   (2) 썬   (3) 전

Las respuestas están en la página 160.

Unidad VIII. Consonantes compuestas usadas como Bat-chim (겹받침) 

Aunque hay 5 tipos de consonantes dobles (ㄲ, ㄸ, ㅃ, ㅆ, ㅉ), sólo ㄲ y ㅆ pueden ser usadas como Bat-chim (**받침**). También hay 11 "consonantes compuestas" que parecen consonantes dobles, pero que sólo son utilizadas como Bat-chim (consonantes finales).

Hangeul	Suena como
	la consonante ㄱ. - Cuando va seguida de una vocal, ㅅ es pronunciada junto con la vocal. 넋을 = [넉슬 → 넉쓸]
	la consonante ㄴ. - Cuando va seguida de una vocal, ㅈ es pronunciada junto con la vocal. 앉아 = [안자]

la consonante ㄴ.

- ㅎ sólo se pronuncia cuando va seguida de ㄱ, ㄷ, o ㅈ, las cuales serán cambiadas por su versión aspirada: ㅋ, ㅌ, o ㅊ, respectivamente.

않고 = [안코]　　　않다 = [안타]　　　않지 = [안치]

- Cuando va seguida de una vocal, ㄱ es pronunciada junto con la vocal.

읽을 = [일글]

- Cuando no va seguida de una vocal, el sonido es ㄱ.

읽다 = [익다 → 익따]　　　읽는 = [익는 → 잉는]

- Excepciones: 읽고 = [일고 → 일꼬]

- Cuando va seguida de una vocal, ㅁ es pronunciada junto con la vocal.

젊은 = [절믄]

- Cuando no va seguida de una vocal, el sonido es ㅁ.

젊다 = [점다 → 점따]

la consonante ㄹ.

- Cuando va seguida de una vocal, ㅂ es pronunciada junto con la vocal.

밟아 = [발바]

- Excepciones: 밟다 = [밥다 → 밥따]

la consonante ㄹ.

- Cuando va seguida de una vocal, ㅅ es pronunciada junto con la vocal.

곬이 = [골시 → 골씨]

- No hay muchas palabras en coreano contemporáneo que tengan esta consonante final.

- Cuando va seguida de una vocal, ㅍ es pronunciada junto con la vocal.

읊어 = [을퍼]

- Cuando va seguida de una consonante, ㅍ cambia a ㅂ y se convierte en el sonido representativo.

읊다 = [읍다 → 읍따]

la consonante ㄹ.

- ㅎ sólo se pronuncia cuando va seguida de ㄱ, ㄷ, o ㅈ, las cuales serán cambiadas por su versión aspirada: ㅋ, ㅌ, o ㅊ, respectivamente.

앓고 = [알코]　　　앓다 = [알타]　　　앓지 = [알치]

la consonante ㅂ.

- Cuando va seguida de una vocal, ㅅ es pronunciada junto con la vocal.

없어 = [업서 → 업써]

la consonante ㄹ.

- Cuando va seguida de una vocal, ㅌ es pronunciada junto con la vocal.

핥아 = [할타]

 **Prueba Rápida**

¡Revisa qué tanto recuerdas!

1. ¿Cuál de las siguientes es la pronunciación correcta para **않아요**?

   (1) **[아하요]**

   (2) **[안차요]**

   (3) **[아나요]**

   (4) **[안타요]**

2. ¿Cuál de las siguientes es la pronunciación correcta para **닭다**?

   (1) **[달다]**

   (2) **[담따]**

   (3) **[달마]**

   (4) **[달마다]**

 **Escucha el audio y rodea con un círculo los sonidos que escuches.**

🎤 **P31**   3. (1) **없어요**   (2) **업어요**   (3) **엎어요**

🎤 **P32**   4. (1) **널믄**   (2) **넓은**   (3) **넙른**

🎤 **P33**   5. (1) **밟므면**   (2) **밟으면**   (3) **바쁘면**

Las respuestas están en la página 160.

Unidad IX. Conectando sonidos en coreano

Cuando se pronuncian de forma rápida y natural, algunas consonantes en coreano son conectadas entre sí para formar un sonido diferente al que en apariencia deberían tener si nos basamos en la forma en la que están escritas. Este proceso se denomina como "asimilación de consonantes" y en lingüística es conocido como "asimilación fonética", siendo algo que también ocurre en muchos otros idiomas. Teniendo en cuenta que la mayoría de los hablantes nativos de cualquier idioma hablan muy rápido, puede ser difícil detectar y comprender estas asimilaciones. Sin embargo, al hablar o al leer en coreano, las reglas de pronunciación relacionadas con la asimilación de consonantes son muy simples, ya que siguen el principio de "facilidad de pronunciación" al cambiar la forma en que se dice una palabra.

La primera y más fundamental regla de pronunciación se llama "resilabeo". Cuando una sílaba termina con una consonante final y es seguida por una sílaba que comienza con ㅇ, como en 맞아, parece como si fuera a ser pronunciada como dos sílabas diferentes, 맞 [maj] y luego 아 [a], con un staccato o separación de sonidos. Sin embargo, esto es demasiado incómodo y difícil cuando se habla rápidamente, por lo tanto, la ㅈ se convierte en parte de la 아, el resultado final es

la pronunciación [마자].

Aquí hay algunos ejemplos más para ayudarte a entenderlo:

잡을 → [자블]

꽃이 → [꼬치]

책에 → [채게]

La ortografía original de la palabra nunca cambia, sólo la pronunciación es modificada.

El resilabeo es algo que no te costará mucho trabajo entender porque también ocurre en español cuando se habla de forma rápida.

Mira las siguientes ejemplos:

Las aves

Con amigos

Comer almejas

Ahora lee los ejemplos en voz alta y te darás cuenta de que se transforman en lo siguiente:

La-sa-ves

Co-na-migos

Come-ral-mejas

En estos casos la consonante final de la primera palabra y la primera vocal de la segunda palabra se unen en una misma sílaba.

¡Vayamos directo al meollo del asunto!

ㅎ + ㄱ, ㄷ, ó ㅈ

Cuando ㅎ es la consonante final y se combina con las consonantes ㄱ, ㄷ, ó ㅈ, se convierte en una especie de "soplador" que ayuda a darles más aire para convertirlas en las consonantes aspiradas ㅋ, ㅌ, ó ㅊ.

Ejemplos:

1. 놓고 → [노코]
2. 좋다 → [조타]
3. 그렇지 → [그러치]

ㅎ + ㄴ

Como consonante final, ㅎ cambia a ㄴ cuando la siguiente sílaba comienza con ㄴ.

Ejemplos:

1. 놓는 → [논는]
2. 닿는 → [단는]

ㅎ + ㅇ

Si ㅎ es la consonante final en una sílaba y va seguida de ㅇ, el sonido ㅎ desaparece por completo y no se pronuncia. Simplemente se continúa con la siguiente sílaba.

Ejemplos:

1. 쌓은 → [싸은]
2. 좋아 → [조아]

ㄷ + 이

Cuando ㄷ es la consonante final de una sílaba y la siguiente sílaba es 이, ㄷ se convierte en el sonido ㅈ. El sonido de ㅇ desaparece y la consonante ㄷ, que ahora es el sonido "ㅈ", se junta con el sonido ㅣ para ser pronunciado como "지".

Ejemplos:

1. 곧이 → [고지]
2. 굳이 → [구지]
3. 밭이 → [바지]

ㅌ + 이

De forma similar a lo que ocurre con el sonido ㄷ, cuando ㅌ es la consonante final y va seguida de 이, se convierte en la consonante aspirada "ㅊ". Aquí también el sonido ㅇ se pierde y ㅊ une fuerzas con ㅣ para ser pronunciada como "치".

Capítulo III. Aprende Hangeul

Ejemplos:

1. **같이** → [**가치**]

2. **밭이** → [**바치**]

ㄷ + 히

Esta combinación es exactamente como ㅌ + **이**. Cuando el sonido ㄷ va seguido de **히**, se transforma en el sonido ㅊ. En este caso el sonido ㅎ también se pierde, y ㅊ se une con el sonido **ㅣ** para ser pronunciado como "**치**".

Ejemplos:

1. **닫히** → [**다치**]

2. **묻히** → [**무치**]

Una de las reglas más frecuentemente olvidadas y pasadas por alto entre los estudiantes del idioma coreano es la regla de la "nasalización". Dicha regla nos dice que aquellas consonates que vayan delante de una consonante nasal (ㄴ ó ㅁ) han de convertirse también en un sonido nasal (ㄴ, ㅁ, ó ㅇ).

ㄱ, ㅋ, ó ㄲ + ㄴ

Cuando la letra ㄱ va en posición final de la sílaba y es seguida de ㄴ, el sonido ㄱ es pronunciado como ㅇ.

Ejemplos:

1. **적는** → [**정는**]

2. **죽는** → [**중는**]

3. **깎는** → [**깡는**]

ㄱ + ㅁ

El mismo principio también se aplica a ㄱ + ㅁ. Cuando ㄱ está al final de una sílaba y la siguiente letra es ㅁ, el sonido ㄱ es pronunciado como ㅇ.

Ejemplos:

1. **국물** → [**궁물**]

2. **국민** → [**궁민**]

ㄷ, ㅌ, ㅅ, ㅆ, ㅈ, ㅊ, ó ㅎ + ㄴ

Cuando cualquiera de las consonantes mostradas arriba va seguida de ㄴ, ese sonido cambia a ㄴ.

Ejemplos:

1. **듣는** → [**든는**]

2. **있는** → [**인는**]

3. **몇 년** → [**면 년**]

4. **솟는** → [**손는**]

ㅂ,ㅍ + ㄴ ó ㅂ,ㅍ + ㅁ

Cuando ㅂ ó ㅍ van seguidas de ㄴ ó ㅁ, los sonidos ㅂ ó ㅍ cambian al sonido ㅁ.

Ejemplos:

1. 업는 → [엄는]
2. 접는 → [점는]
3. 밥 먹다 → [밤 먹다]
4. 감사합니다 → [감사함니다]
5. 앞문 → [암문]

ㄴ + ㄹ

Cuando ㄴ y ㄹ se encuentran, el sonido ㄴ es reemplazado por el sonido ㄹ.

Mira algunos ejemplos:

1. 난로 → [날로]
2. 신라 → [실라]
3. 설날 → [설랄]
4. 한라산 → [할라산]

ㅇ + ㄹ ó ㅁ + ㄹ

En esta combinación el sonido ㄹ es reemplazado por el sonido ㄴ.

Ejemplos:

1. 종로 → [종노]
2. 공로 → [공노]
3. 함락 → [함낙]

Al principio estas reglas pueden parecer difíciles de memorizar pero las vamos a presentar una por una para que no te sientas abrumado. Una vez que comiences a aplicar estas reglas cuando hables en coreano, los sonidos se unirán de manera muy natural y ¡tu pronunciación será impecable!

¡Felicidades!
¡Estás en el camino correcto para convertirte en
un Máster del Hangeul!

Ejercicios y prácticas (Unidad VI ~ Unidad IX)

Ej.) ㄱ + ㅏ + ㅇ = 강　　　　　　ㅎ + ㅑ + ㅇ =

ㅁ + ㅗ + ㅅ =　　　　　　　　ㄲ + ㅡ + ㅌ =

ㄷ + ㅏ + ㅂ =　　　　　　　　ㄸ + ㅏ + ㅇ =

ㅂ + ㅕ + ㄱ =　　　　　　　　ㄱ + ㅠ + ㄹ =

ㅂ + ㅣ + ㅈ =　　　　　　　　ㄱ + ㅘ + ㅇ =

ㅅ + ㅜ + ㄹ =　　　　　　　　ㄲ + ㅝ + ㅇ =

ㅊ + ㅓ + ㄴ =　　　　　　　　ㅇ + ㅖ + ㅂ =

ㅎ + ㅐ + ㅁ =　　　　　　　　ㅇ + ㅔ + ㅅ =

Las respuestas están en la página 160.

ㅏ | ㄹ | ㅐㅁ | ㄹ | 파 | 구 | 모 | 캐 | ☁️
Las respuestas están en la página 160.

Lee los siguientes nombres de la isla o de las ciudades más importantes de Corea en voz alta, luego practica escribiendolos en Hangeul.

🎤 Pista 12

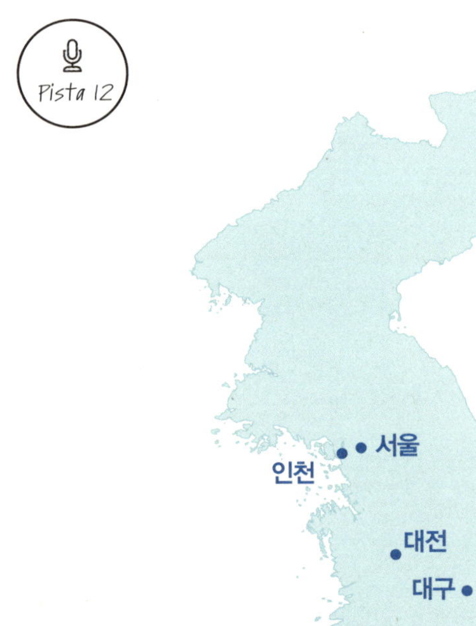

인천 _______ _______   서울 _______ _______

대전 _______ _______   대구 _______ _______

광주 _______ _______   울산 _______ _______

부산 _______ _______   제주도 _______ _______

Capítulo III. Aprende Hangeul

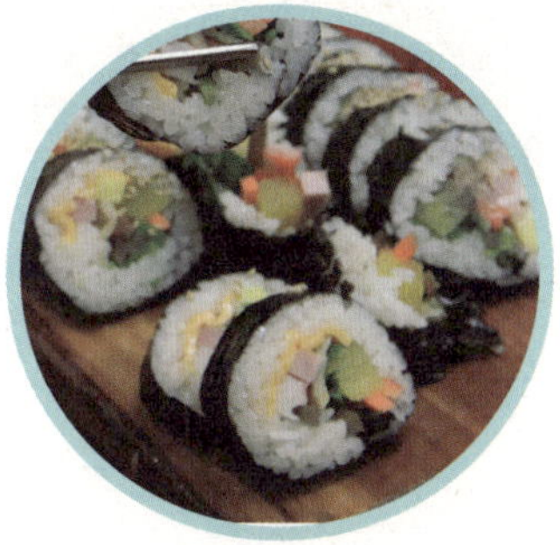

김밥

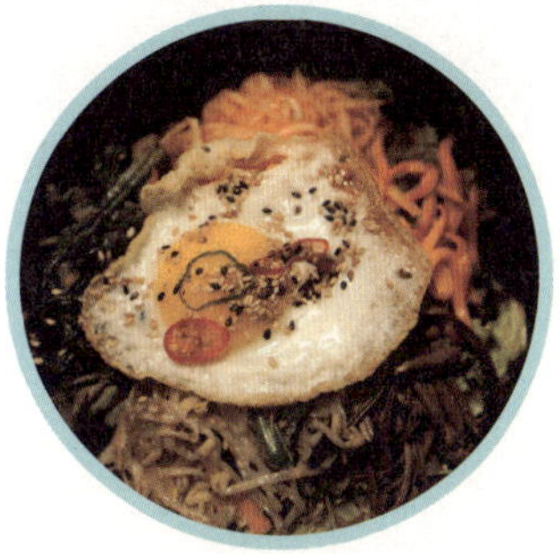

비빔밥

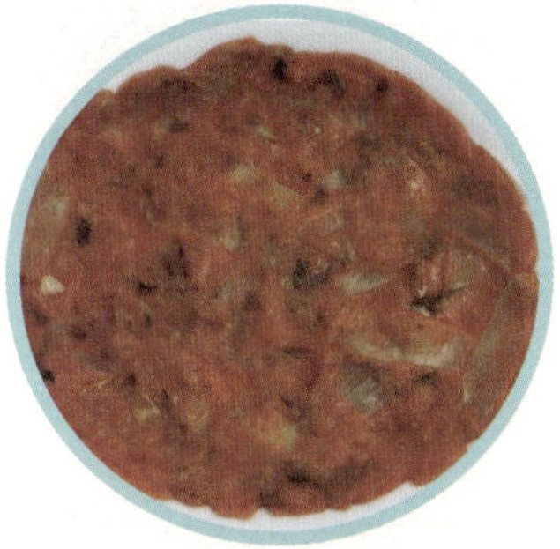

김치 부침개

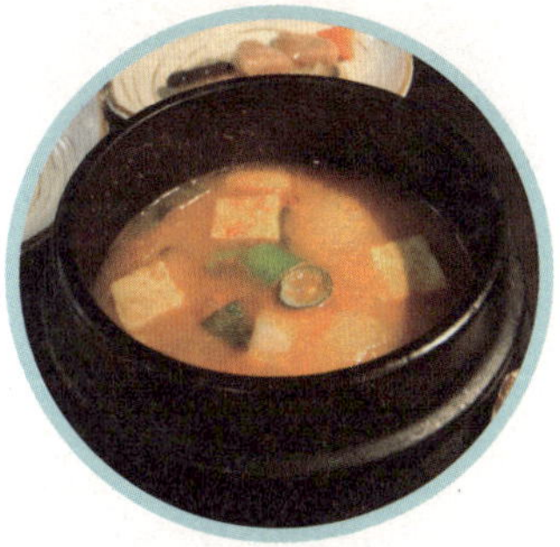

된장찌개

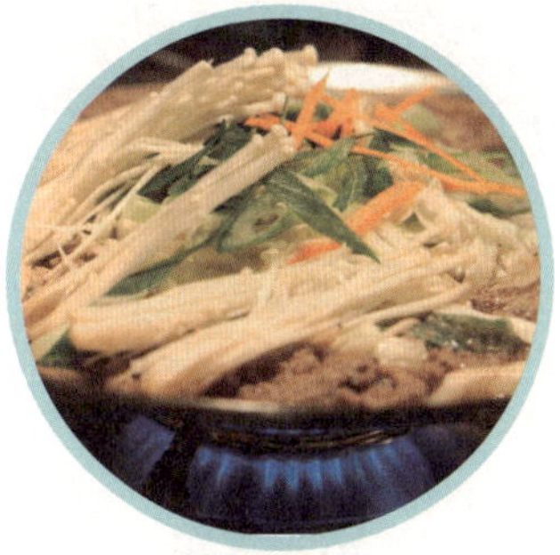

불고기

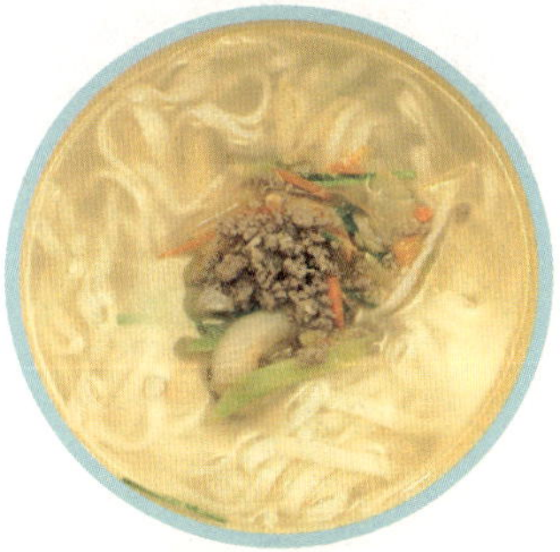

칼국수

삼계탕
라면
삼겹살
짜장면
떡볶이
닭갈비

Las siguientes palabras son anglicismos asimilados al idioma coreano. Lee cada una en voz alta y marca el equivalente de la palabra en inglés de la cual creas que se derive.

컴퓨터
(1) competition
(2) curfew
(3) competitor
(4) computer

아이스크림
(1) eye cream
(2) ice cream
(3) eyesight
(4) ice skater

햄버거
(1) Hamburg
(2) Hamberg
(3) hamburger
(4) hand booger

메이크업
(1) makeover
(2) Mike is up.
(3) I will make you up.
(4) makeup

이메일
(1) eBay
(2) image
(3) male
(4) email

Las respuestas están en la página 160.

Prueba Final

nombre:

puntuación:

1. ¿Cuál de las siguientes vocales sólo se escribe a la derecha de la consonante y nunca se puede escribir debajo de ella?

(1) ㅗ

(2) ㅜ

(3) ㅣ

(4) ㅡ

2. ¿Cuál de las siguientes consonantes no produce ningún sonido cuando se escribe antes de una vocal?

(1) ㅎ

(2) ㅇ

(3) ㅁ

(4) ㅎ y ㅁ

3. ¿Cuál de las siguientes consonantes suena igual que ㄷ cuando se usa como **받침**(Bat-chim)?

(1) ㅎ

(2) ㅁ

(3) ㄹ

(4) ㄴ

4. Si combinas ㅇ, ㅛ, y ㅇ para crear una sílaba, ¿cuál de las siguientes formas es la manera correcta de escribirla?

(1) ㅇㅇ
　　ㅛ

(2) ㅇㅛㅇ

(3) 　ㅛ
　　ㅇㅇ

(4) 　ㅇ
　　ㅛ
　　ㅇ

5. ¿Cuál vocal suena igual a "ua", como en la palabra "huarache" en español?

(1) **웨**

(2) **위**

(3) **와**

(4) **의**

6. ¿Cuál de las siguientes frases es incorrecta?

(1) ㄱ y ㅋ son pronunciadas de la misma manera cuando son utilizadas como **받침**.

(2) Para pronunciar el sonido ㅚ, debes pasar rápidamente de pronunciar el sonido ㅗ al sonido ㅣ.

(3) ㅈ y ㅊ son pronunciadas de la misma manera cuando son utilizadas como **받침**.

(4) ㅐ y ㅔ suenan casi igual, por lo tanto no puedes distinguirlas simplemente escuchándolas.

7. ¿Cuáles de las siguientes palabras suenan casi igual?

(1) **외계**

(2) **위계**

(3) **왜걔**

(4) **웨게**

8. El Hangeul fue promulgado por el cuarto rey de la dinastía Joseon, ¿cuál era el nombre de dicho rey?

(1) Sejong el Grande

(2) Jejong el Grande

(3) Mejong el Grande

(4) Rejong el Grande

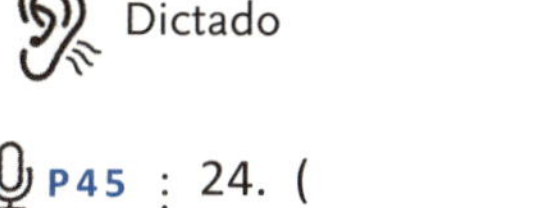

Escucha el audio y rodea con un círculo el sonido que escuches.

P35 : 9. 우에 / 웨

P36 : 10. 우이 / 위

P37 : 11. 오아 / 와

P38 : 12. 우어 / 워

P39 : 13. 으이 / 의

P40 : 14. 우웨 / 우에

P41 : 15. 오유 / 우유

P42 : 16. 왜어 / 애어

P43 : 17. 오아 / 오와

P44 : 18. 여우 / 여으

19. Las siguientes consonantes se convierten en otra consonante (consonantes aspiradas) si exhalas más aire. ¿En qué consonantes se convierten?

ㄱ -> (   )

ㅈ -> (   )

ㄷ -> (   )

ㅂ -> (   )

20. Cinco de las catorce consonantes pueden ser duplicadas para formar las cinco consonantes dobles, ¿cuáles son?

(   )

21. Las siguientes palabras son anglicismos que has aprendido en este libro. Llena los espacios en blanco con las traducciones en inglés.

아이스크림 =

햄버거 =

피자 =

버스 =

커피 =

22. La vocal coreana ㅓ suena parecida a la letra "o" en español pero no es exactamente igual ¿cuál es la diferencia?

23. Escribe las respuestas en Hangeul de acuerdo con la romanización.

[gong] =

[pyo] =

[so-ra] =

[ji-min] =

[gim-bap] =

Dictado

P45 : 24. (   )

P46 : 25. (   )

P47 : 26. (   )

P48 : 27. (   )

P49 : 28. (   )

P50 : 29. (   )

P51 : 30. (   )

Las respuestas están en la página 161.

2. ¿Sabías qué...?
Tú sabes más coreano de lo que te imaginas.

Aprender coreano puede parecer una tarea muy desalentadora, especialmente considerando que se deben memorizar cientos de palabras de vocabulario nuevo y que las reglas básicas de gramática pueden ser completamente diferentes a las de los idiomas que ya sabes. Pero no hay mal que por bien no venga, así que no te desanimes. La buena noticia acerca de aprender coreano es que tú ¡ya sabes un montón de palabras de vocabulario coreano! Muchas palabras coreanas contemporáneas son en realidad "préstamos lingüísticos", palabras que han sido tomadas de otro idioma pero que son escritas en Hangeul y pronunciadas usando acento coreano. Hay muchas palabras relacionadas con la tecnología, los inventos modernos, ciertos deportes o con los alimentos que se han asimilado sin ninguna influencia del idioma chino.

Si te das cuenta de que no conoces la palabra coreana para decir algo, o si la conoces pero no puedes recordarla, trata de decir o de escribir esa palabra en inglés pero con la pronunciación y la ortografía coreana. Puede ser que esto no funcione con todas las palabras en inglés, pero algunas personas podrán entender lo que estás tratando de decir. No somos partidarios de este método, ya que es mejor aprender los anglicismos que realmente han sido adoptados al coreano antes de usarlos sin realmente saber si pertenecen o no, pero algunas veces funciona y puede sacarte de un apuro.

Estos son algunos de los préstamos lingüísticos más comunes en coreano. Al no existir una palabra coreana nativa para la mayoría de estas palabras, son tomadas del inglés y terminan siendo muy similares a la palabra original.

1. **콜라** = cola (bebida carbonatada de color oscuro)

2. **버스** = bus

3. **택시** = taxi

4. **텔레비전** = television

5. **테니스** = tennis

6. **컴퓨터** = computer

7. **스케이트 보드** = skateboard

Hay un par de cosas que debes tener en cuenta cuando te encuentres con un anglicismo o trates de adivinarlo.

1) Hay ciertos sonidos en inglés que no existen en coreano.
- Los sonidos de la "V" y de la "F" son a menudo reemplazados por los sonidos **ㅂ**, **ㅃ** ó **ㅍ** en coreano.
- Los sonidos de la "R" y de la "L" se escriben usando el mismo carácter coreano: **ㄹ**, debido a que los sonidos individuales "r" y "l" no existen en coreano.

- No existe el sonido "r" al final de una sílaba por lo que se utiliza la vocal **ㅡ** para formar la sílaba **르** y representar el sonido.

2) Como tal vez ya habrás leído en la "Introducción al Hangeul", las consonantes no pueden ser usadas por sí mismas y deben estar unidas a una vocal. Por lo tanto algunas palabras en inglés que terminan en una consonante, al ser escritas en coreano se combinan con una vocal. Al principio puede parecer un poco extraño pronunciar "bus" como **버스**, pero ¡las reglas son las reglas!

Hojea a través de las páginas de un diccionario coreano o busca algunas palabras de inglés a coreano en algún diccionario coreano en línea (¡no uses Google translate!); si sabes algo de vocabulario en inglés ¡te sorprenderás con la cantidad de palabras en coreano que ya conoces!

HANGEUL ESCRITO A MANO

Unidad I. Consejos para escribir coreano a mano

Puede ser que no haya un sistema oficial de escritura a mano (aparte del orden de los trazos) que determine como se deben escribir las letras y las palabras en coreano, pero hay un buen número de rasgos comunes entre aquellos que escriben frecuentemente en este idioma. La mayoría de estos patrones son el resultado directo de unir las letras de una manera fluida, conocidos como letra "cursiva". La letra cursiva en coreano es muy diferente de la letra cursiva en español ya que no hay una manera formal para escribirla y es más una cuestión de estilo en la escritura personal. La escritura a mano en coreano, como ocurre con cualquier escritura a mano en otro idioma, varía de persona a persona; por ello, entender la idea básica de como ciertas letras pueden ser estilizadas te ayudará a comprender mejor la escritura coreana hecha a mano y también algunas tipografías especiales.

Cada consejo tiene tres ejemplos diferentes, escritos por tres personas diferentes para ayudarte a aprender cómo identificar una variedad de estilos de escritura y para desarrollar tu propia escritura en coreano.

(1) ㅏ

가 가 나

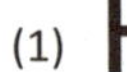

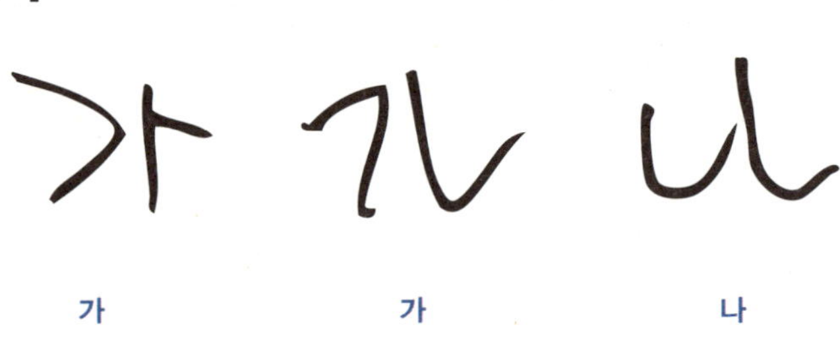

La ㅏ a menudo se convierte en o en omitiendo la mitad inferior de la línea vertical.

(2) ㅓ

서 어 뭐

La ㅓ a menudo se convierte en omitiendo la mitad superior de la línea vertical.

(3) ㅗ

고 고 노

Cuando se tiene prisa al trazar la línea horizontal de izquierda a derecha después de trazar la pequeña línea vertical, muchas personas escriben de un sólo trazo la línea vertical y la horizontal utilizadas para trazar la ㅗ, lo que resulta en una línea curva y en la omisión de la mitad izquierda de la línea horizontal.

(4) ㅜ

누 부 부

La ㅜ a menudo se escribe como , teniendo prácticamente la misma forma que la consonante ㄱ. La mitad derecha de la línea horizontal es frecuentemente omitida para ahorrar tiempo y limitar el número de veces que se tiene que levantar un utensilio de escritura.

(5) 

다   **다**   **도**

Las líneas horizontales superior e inferior de ㄷ son de la misma longitud en texto impreso pero en la escritura a mano, la línea horizontal superior tiende a ser más larga y a extenderse hacia la izquierda más allá de la línea vertical. Esto significa que a veces ㄷ puede tener este aspecto: ㄹ.

(6) 

루   **루**   **로**

ㄹ se escribe con ángulos muy agudos en el texto impreso, pero la mayoría de las personas escriben ㄹ de forma muy curvada, casi como una "s" al revés.

(7) 

마   **모**   **무**

ㅁ rara vez es escrita como un rectángulo o un cuadrado perfecto. La línea vertical puede ser muy recta, pero los otros tres lados son típicamente escritos de un único trazo y son muy curvos y suaves. Siempre y cuando pueda distinguirse de ㅇ, ㅂ, ó ㅍ, no habrá posibilidad de confusión; por lo tanto, dependiendo de la persona que escriba, a veces ㅁ puede parecer un triángulo o el número 12.

(8) ㅂ

바   **보**   **부**

ㅂ puede escribirse con cuatro líneas rectas, pero el bolígrafo tendría que ser levantado tres veces para poder hacer eso. Para disminuir la cantidad trazos, la energía, y el tiempo que se tarda en escribir ㅂ, mucha gente conecta las líneas para escribirla de dos trazos en lugar de cuatro.

(9) 

사   소   수

ㅅ es bastante fácil de distinguir, pero a veces las dos líneas se pueden unir en la parte superior (ápice), haciendo que se vea como una especie de "v" al revés. Cuando se escribe, la mayoría de las veces, la segunda línea se encuentra con la primera en el centro de la línea. Dependiendo de la vocal que siga, ㅅ también pueden aparecer "aplanada".

(10) 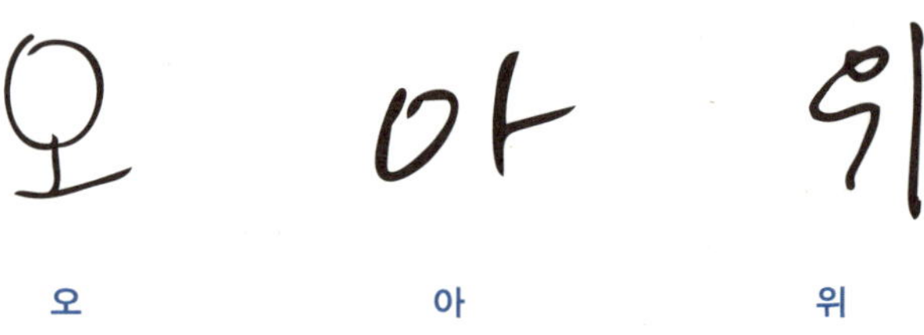

오   아   위

ㅇ a veces se escribe más grande que la vocal para que se vea más bonita, o puede estar conectada a la vocal que le sigue.

(11) 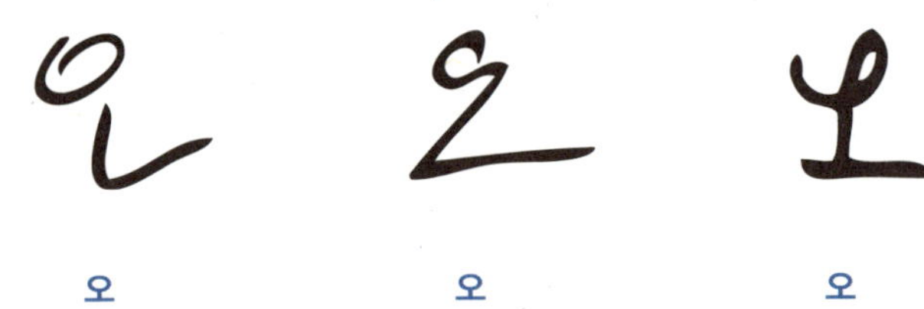

오   오   오

오 es la combinación de dos caracteres muy simples, pero como se utiliza con frecuencia, la gente tiende a escribirla con la máxima eficiencia al omitir la mitad izquierda de la línea horizontal de ㅗ y conectando ㅇ y ㅗ con un único trazo.

(12) 

와   화   과

ㅘ es la combinación de ㅗ y ㅏ, ambas vocales pueden ser simplifi-cadas omitiendo la mitad de la línea más larga. ㅘ a menudo puede terminar pareciéndose a ㄴ + ㄴ con la ㅏ siendo escrita un poco más arriba que la ㅗ.

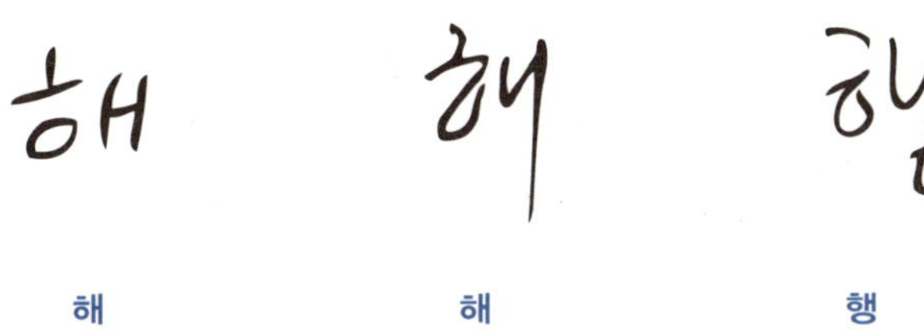

En texto impreso, las dos líneas verticales de ㅐ son de la misma longitud, pero cuando se escribe a mano, la primera línea trazada es muy corta, mientras que la segunda línea rara vez es más corta que la primera.

(14) 우

A veces, una separación entre ㅇ y ㅜ es clara en escritura a mano en coreano, a veces se escribe con un sólo trazo. Es también común ver una "cola" como parte de ㅇ (como se ve en el ejemplo de la derecha) que usualmente indica una pequeña elevación del bolígrafo.

(15) 의

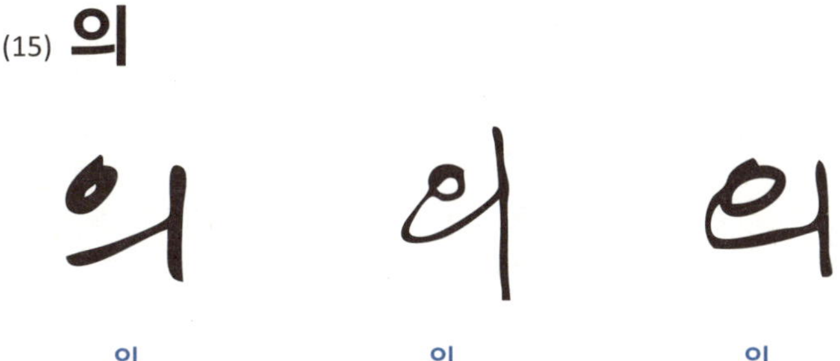

De manera similar a 우, 의 se puede escribir utilizando sólo un trazo. Con el fin de hacer esto, la consonante siempre se escribe en el sentido contrario a las manecillas del reloj. Cuando se escribe de un sólo trazo, 의 se puede parecer a 외, pero la línea que une a ㅇ y a ㅣ generalmente termina en el extremo izquierdo para evitar confusiones.

(16) ㅈ

ㅈ es pocas veces escrita a mano como en un texto impreso. En lugar de las líneas diagonales (que son esencialmente ㅅ) tocando la línea horizontal en el centro, ㅈ se escribe a menudo como ㄱ pero con una línea adicional al lado derecho. Cuando se escribe por completo de un sólo golpe, ㅈ muchas veces puede parecer una "z" Inglés.

ㅊ se escribe de manera similar a ㅈ, con la excepción de que la línea vertical adicional en la parte superior puede ser escrita de varias maneras diferentes.

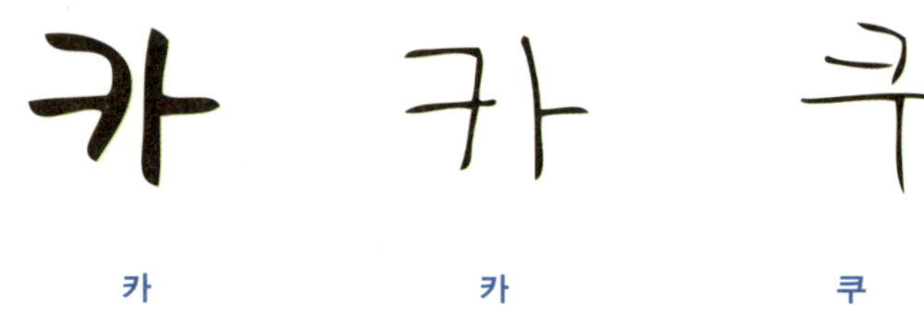

ㅋ es bastante fácil de identificar, pero a veces se puede escribir de una manera que la hace parecer a 구, o que hace que 키 se parezca a 귀, dependiendo de qué tan alta o corta se escriba, la forma en que se conecte a la vocal y en la longitud de la línea vertical central.

ㅌ es fácil de distinguir la mayoría de las veces, pero puede ser que la encuentres de un modo que la haga parecer ㄷ con una línea horizontal flotando sobre ella.

ㅍ tiene cuatro líneas, pero dependiendo de con cuántos trazos se escriba, la forma puede cambiar un poco. Algunas personas conectan la línea vertical derecha y la línea horizontal inferior para hacer que parezca ㄴ, mientras que otros hacen que la parte inferior de ㅍ sea más estrecha que la parte superior.

(21) 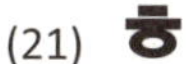

La forma de ㅎ puede cambiar dependiendo de como estén conectadas las dos líneas adicionales sobre ㅇ, pero la parte circular es
perfectamente identificable, excepto cuando ㅇ está conectada con
una vocal, como en el segundo ejemplo.

(22) 방

Si los caracteres están separados, es más fácil distinguirlos, pero ㅂ
y ㅏ se pueden unir con una línea que se extiende desde ㅂ. ㅏ puede también estar conectado a ㅇ reemplazando la mayor parte de la
mitad inferior de la línea vertical con ㅇ.

(23) 람

El texto impreso de la sílaba 람, es bastante cuadrado y angular.
Cuando se escribe a mano ㄹ y ㅏ a menudo son conectadas y se
pueden escribir sin necesidad de levantar el bolígrafo. ㅁ se puede
escribir como una gran línea curva o de una manera que la haga
parecer a ㅣ + ㄱ pero con una cola.

(24) 난

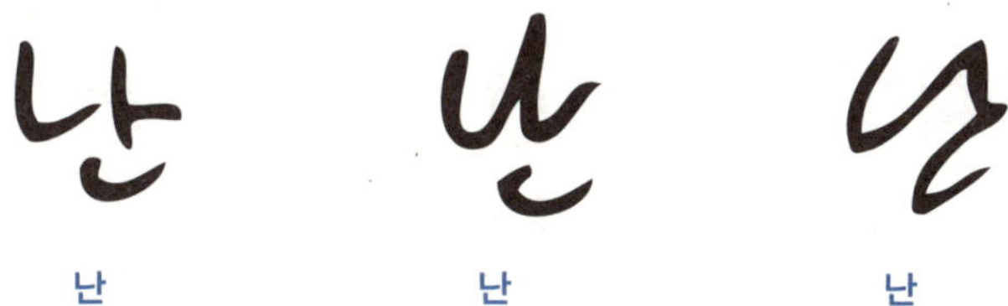

난 a menudo parece como si tuviera tres letras ㄴ en vez de dos
porque la mitad inferior de ㅏ se puede omitir, acortar, o
conectar directamente a la siguiente ㄴ.

(25) 콜라

콜라   콜라   콜라

Dependiendo de como se escriba ㄹ, **콜라** puede ser fácil o difícil de leer. Mucha gente tiene la tendencia de escribir ciertas consonantes o vocales de la misma manera, y en los ejemplos de arriba ㄹ está escrita dos veces de la misma forma.

(26) 피아노

피아노   피아노   피아노

Los primeros dos ejemplos son más fáciles de leer, pero en el tercer ejemplo, ㅍ está inclinada hacia un lado y conectada a ㅣ, además los elementos 아, ㄴ, y ㅗ están mucho más conectados que en los dos ejemplos anteriores.

(27) 호루라기

호루라기   호루라기   호루라기

호 a menudo se escribe con un movimiento fluido, lo que puede hacer que se parezca a una letra "e" con algunos garabatos en la parte superior de ella. **라** y **기** a veces están conectadas ya que la línea vertical de ㅏ puede fácilmente convertirse en la línea horizontal de ㄱ.

(28) 호빵

호빵   호빵   호빵

Algunas personas escriben ㅃ (ㅂ doble) escribiendo ㅂ dos veces, mientras que otras personas pueden escribirla como una ㅂ más ancha que tiene una línea vertical adicional en el interior.

(29) **하**

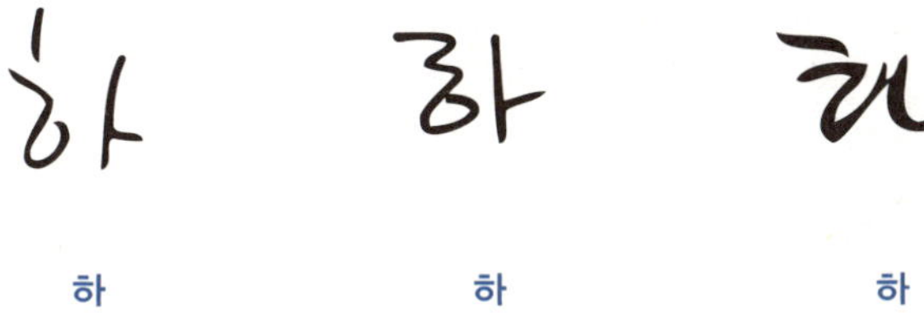

하   하   하

Como **하** es la raíz verbal del verbo más usado en coreano: **하다** (hacer), **하** está en todas partes. Dependiendo de la consonante que siga a **하**, la forma de **하** puede no cambiar o cambiar drásticamente.

(30) **뭐**

뭐   뭐   뭐

Debido a que ㅜ y ㅓ a menudo se parecen a ㄱ cuando se escriben, **뭐** puede parecerse a ㅁ escrita sobre ㄲ (ㄱ doble).

3. ¿Sabías qué...?
Abreviaciones en coreano coloquial

En todos los idiomas existen expresiones coloquiales y el coreano no es la excepción. En la actualidad, los jóvenes suelen utilizar siglas o abreviaturas para transmitir un mensaje. LOL, ASAP, OMG, YOLO, y WTF son sólo algunos ejemplos en inglés, además de muchos otros que se utilizan en español como: tb, tp, q, etc. En coreano también existen este tipo de abreviaturas coloquiales. Dado que estas abreviaturas y siglas no producen sonidos completos, sólo se utilizan al escribir o en mensajes de texto y no se utilizan al hablar.

1. ㅋㅋ ó ㅋㅋㅋ

Una de las dos formas más comunes para mostrar el sonido de la risa. Algunas veces es sólo una letra, ㅋ. Si algo es súper divertido, se puede utilizar una versión más larga ㅋㅋㅋㅋㅋㅋㅋㅋ. Puede ser tan largo o tan corto como tú quieras. Puede ser pronunciado como ㅋㅋ.

2. ㅎㅎ ó ㅎㅎㅎ

Es la otra expresión más utilizada para mostrar el sonido de la risa. Al igual que ㅋㅋ, puede ser sólo una ㅎ o usarse muchas veces más. Sin embargo, a diferencia de ㅋㅋ, ㅎㅎ suele pronunciarse como 하하 o simplemente no pronunciarse.

3. ㅇㅋ

Viene de la expresión "OK" en inglés. En su versión más larga, sería 오케이 u 오키.

4. ㅜㅜ ㅇ ㅠㅠ

Se usa para expresar que una persona está llorando o que está
triste. Al escribir las vocales ㅜ ó ㅠ dos veces se simula la imagen
de los ojos de una persona que está llorando.

5. ㄷ ㄷ ㄷ

Se utiliza para mostrar miedo o temor. La
expresión original es **덜덜덜** que es una ono-
matopeya usada para describir el sonido de algo
o alguien temblando. También se utiliza ㅎ ㄷ ㄷ,
que viene de **후덜덜**, una palabra con el mismo
significado que **덜덜덜**.

6. ㄱ ㅅ ㅇ ㄸ ㅋ

Es la abreviatura de **감사합니다** o **땡큐**. En lugar de tener que decirle
"**고마워**" a un amigo cercano, algunos optan por simplemente escribir
ㄸ ㅋ, la abreviatura de **땡큐**, o "thank you", que es gracias en inglés
pero escrito en Hangeul. ㄱ ㅅ ㅇ **감사합니다** también significa "gracias".

Unidad II. Practica tu escritura a mano

Ahora que has aprendido todas las bases del 한글 puedes comenzar a desarrollar tu escritura a mano en coreano. En esta unidad vas a practicar tu escritura utilizando los consejos que has aprendido en el Capítulo IV, Unidad I.

En cada página hay una palabra clave o una expresión con la romanización y la traducción en español. Debajo de la palabra clave hay diferentes estilos de escritura a mano escrita por coreanos como un ejemplo de patrones y características comunes en la escritura en coreano escrita por hablantes nativos, la cual es muy diferente de las letras impresas.

Practica tu escritura utilizando los mismos patrones y el estilo utilizado por nativos, después practica escribiendo la palabra clave usando tu estilo personal.

가방 = bolsa, bolso

[ga-bang]

Mira con atención la forma en que el ejemplo fue escrito por diferentes nativos. Comienza con el Recuadro 1, traza la palabra en el Recuadro 2 y después intenta escribir a mano en los Recuadros 3 y 4 utilizando el mismo estilo.

Ahora practica tu propia escritura a mano aquí:

고구마 = **batata, boniato, patata (papa) dulce, camote**

[go-gu-ma]

Mira con atención la forma en que el ejemplo fue escrito por diferentes nativos. Comienza con el Recuadro 1, traza la palabra en el Recuadro 2 y después intenta escribir a mano en los Recuadros 3 y 4 utilizando el mismo estilo.

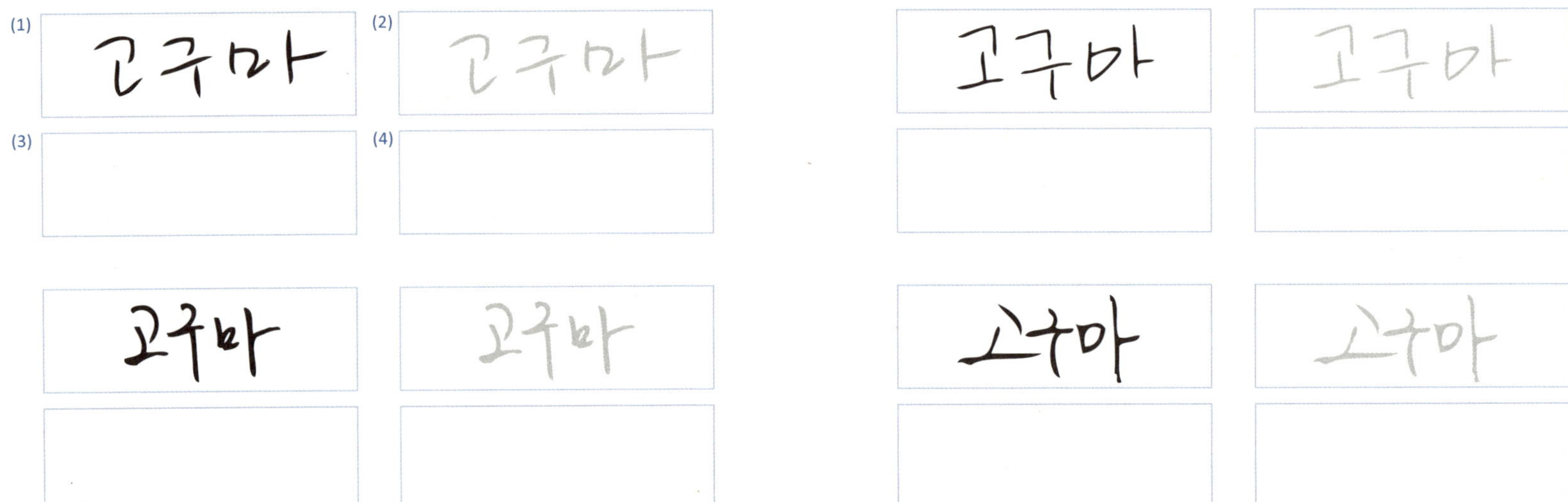

Ahora practica tu propia escritura a mano aquí:

➜

구두 = zapatos

[gu-du]

Mira con atención la forma en que el ejemplo fue escrito por diferentes nativos. Comienza con el Recuadro 1, traza la palabra en el Recuadro 2 y después intenta escribir a mano en los Recuadros 3 y 4 utilizando el mismo estilo.

Ahora practica tu propia escritura a mano aquí:

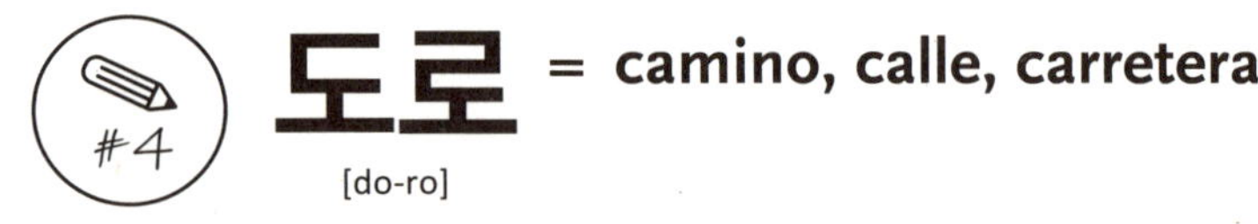

도로 = camino, calle, carretera

[do-ro]

Mira con atención la forma en que el ejemplo fue escrito por diferentes nativos. Comienza con el Recuadro 1, traza la palabra en el Recuadro 2 y después intenta escribir a mano en los Recuadros 3 y 4 utilizando el mismo estilo.

Ahora practica tu propia escritura a mano aquí:

모자 = sombrero
[mo-ja]

Mira con atención la forma en que el ejemplo fue escrito por diferentes nativos. Comienza con el Recuadro 1, traza la palabra en el Recuadro 2 y después intenta escribir a mano en los Recuadros 3 y 4 utilizando el mismo estilo.

Ahora practica tu propia escritura a mano aquí:

바람 = **viento**
[ba-ram]

Mira con atención la forma en que el ejemplo fue escrito por diferentes nativos. Comienza con el Recuadro 1, traza la palabra en el Recuadro 2 y después intenta escribir a mano en los Recuadros 3 y 4 utilizando el mismo estilo.

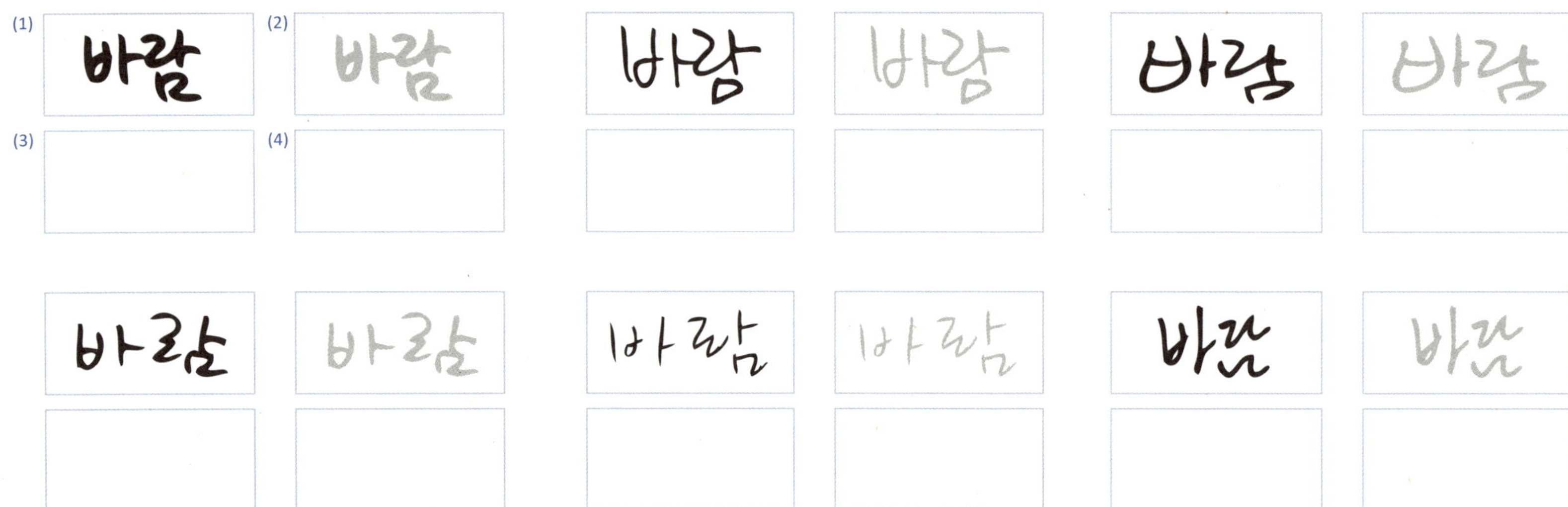

Ahora practica tu propia escritura a mano aquí:

Capítulo IV. Hangeul escrito a mano

 **사과** = **manzana**
[sa-gwa]

Mira con atención la forma en que el ejemplo fue escrito por diferentes nativos. Comienza con el Recuadro 1, traza la palabra en el Recuadro 2 y después intenta escribir a mano en los Recuadros 3 y 4 utilizando el mismo estilo.

(1) 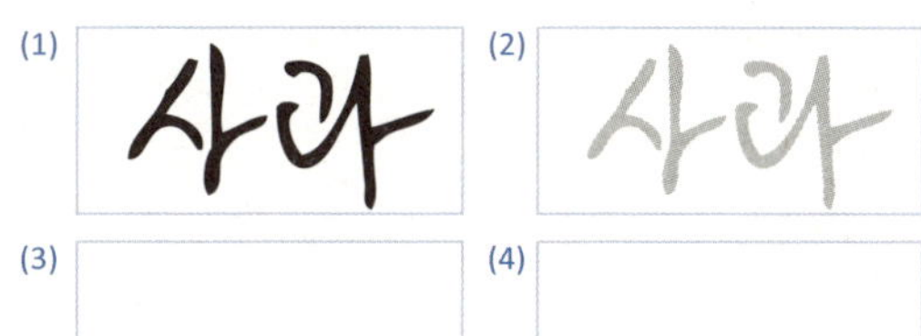 (2) 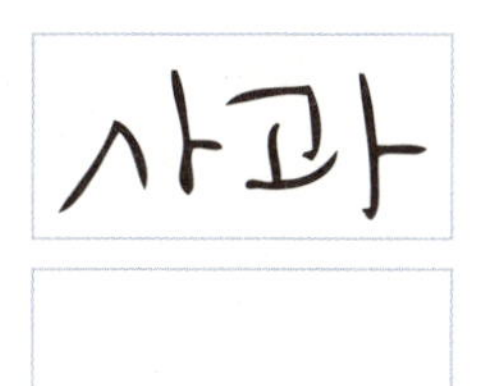 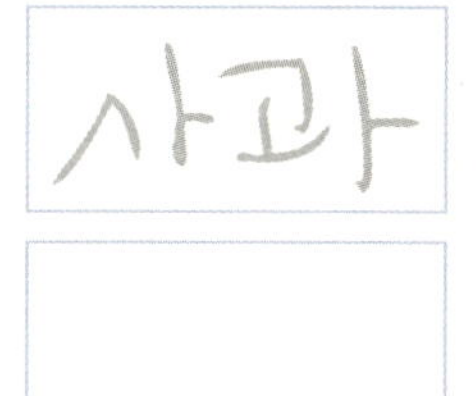 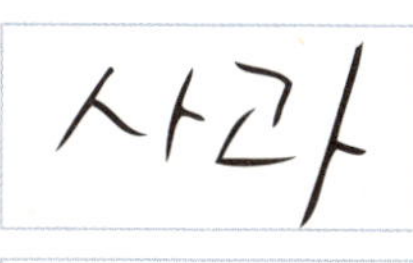 

(3) (4)

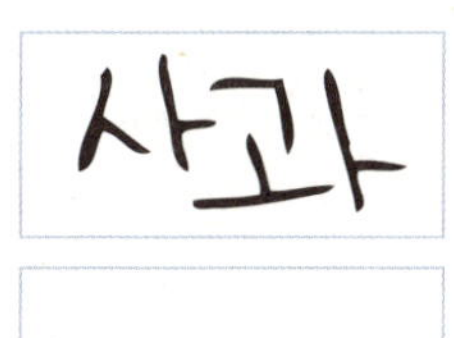  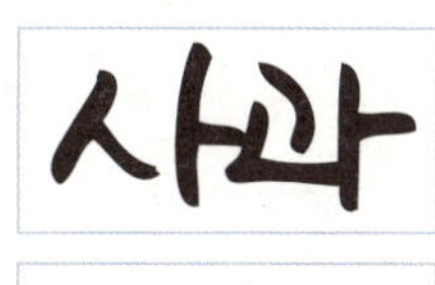  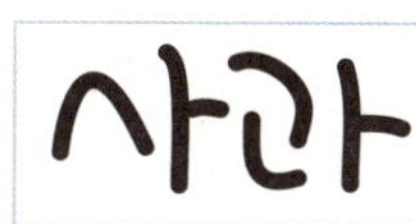 

Ahora practica tu propia escritura a mano aquí:

➜

손수건 = **pañuelo**

[son-su-geon]

Mira con atención la forma en que el ejemplo fue escrito por diferentes nativos. Comienza con el Recuadro 1, traza la palabra en el Recuadro 2 y después intenta escribir a mano en los Recuadros 3 y 4 utilizando el mismo estilo.

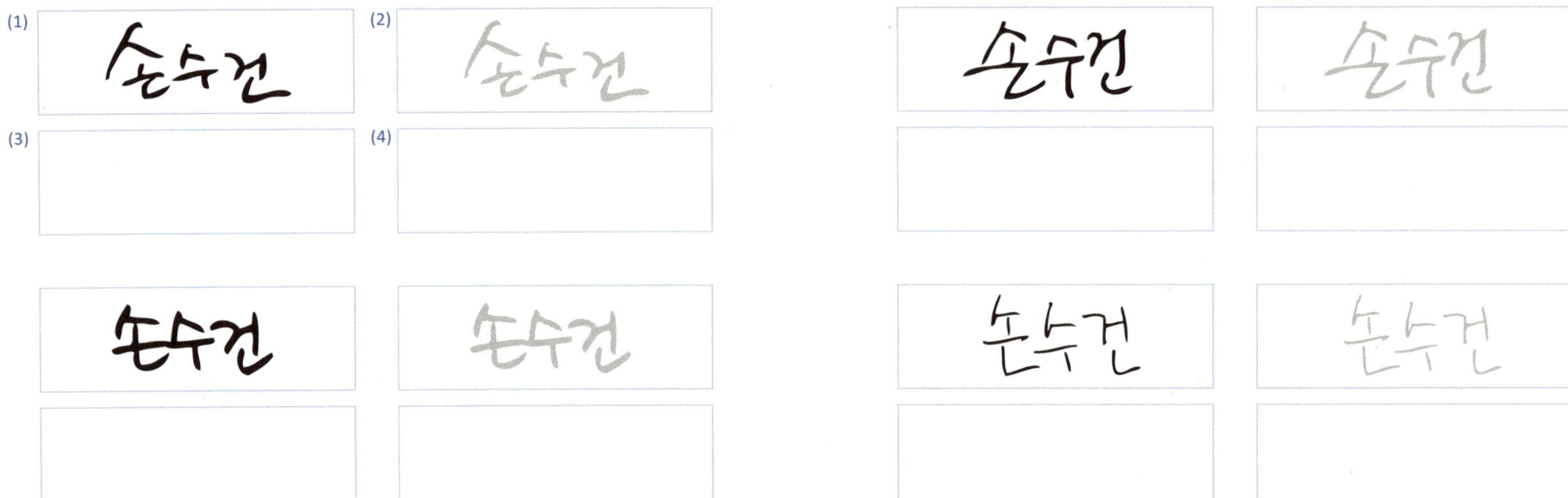

(1) 손수건
(2) 손수건
(3)
(4)

손수건
손수건
손수건
손수건

Ahora practica tu propia escritura a mano aquí:

스타킹 = **panti, medias, pantimedias**

[seu-ta-king]

#9

Mira con atención la forma en que el ejemplo fue escrito por diferentes nativos. Comienza con el Recuadro 1, traza la palabra en el Recuadro 2 y después intenta escribir a mano en los Recuadros 3 y 4 utilizando el mismo estilo.

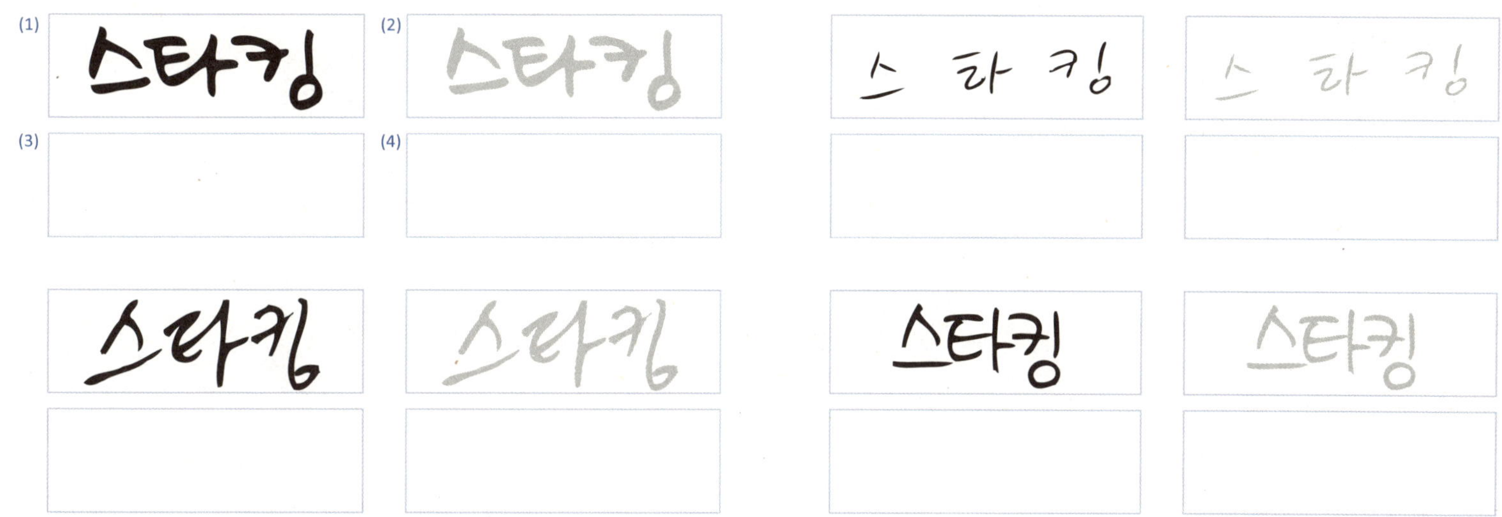

Ahora practica tu propia escritura a mano aquí:

➥

신발 = zapatos
[sin-bal]

Mira con atención la forma en que el ejemplo fue escrito por diferentes nativos. Comienza con el Recuadro 1, traza la palabra en el Recuadro 2 y después intenta escribir a mano en los Recuadros 3 y 4 utilizando el mismo estilo.

Ahora practica tu propia escritura a mano aquí:

Capítulo IV. Hangeul escrito a mano

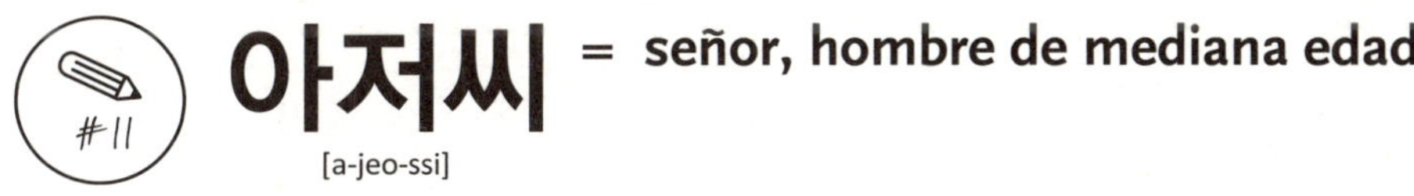

아저씨 [a-jeo-ssi] = **señor, hombre de mediana edad**

Mira con atención la forma en que el ejemplo fue escrito por diferentes nativos. Comienza con el Recuadro 1, traza la palabra en el Recuadro 2 y después intenta escribir a mano en los Recuadros 3 y 4 utilizando el mismo estilo.

(1) 아저씨 (2) 아저씨

아저씨

(3) (4)

아저씨 아저씨 아저씨 아저씨

Ahora practica tu propia escritura a mano aquí:

→

양말 = calcetines
[yang-mal]

Mira con atención la forma en que el ejemplo fue escrito por diferentes nativos. Comienza con el Recuadro 1, traza la palabra en el Recuadro 2 y después intenta escribir a mano en los Recuadros 3 y 4 utilizando el mismo estilo.

Ahora practica tu propia escritura a mano aquí:

오리 = pato
[o-ri]

Mira con atención la forma en que el ejemplo fue escrito por diferentes nativos. Comienza con el Recuadro 1, traza la palabra en el Recuadro 2 y después intenta escribir a mano en los Recuadros 3 y 4 utilizando el mismo estilo.

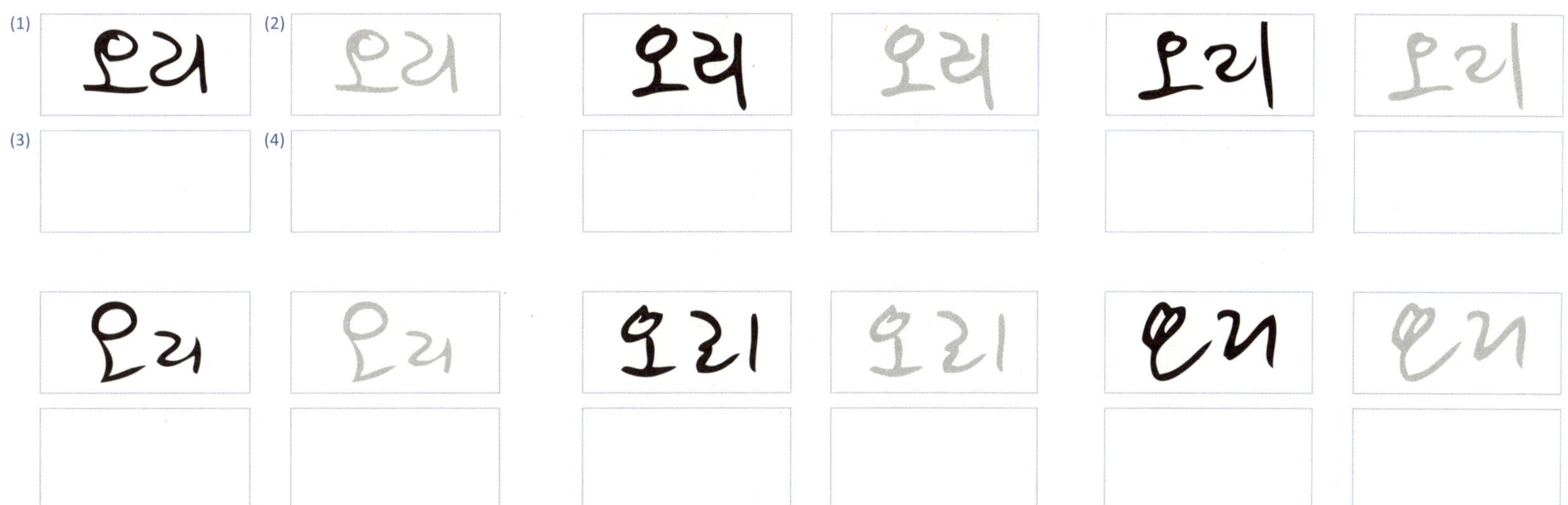

Ahora practica tu propia escritura a mano aquí:

의사 = **médico**
[ui-sa]

Mira con atención la forma en que el ejemplo fue escrito por diferentes nativos. Comienza con el Recuadro 1, traza la palabra en el Recuadro 2 y después intenta escribir a mano en los Recuadros 3 y 4 utilizando el mismo estilo.

Ahora practica tu propia escritura a mano aquí:

➜

장난감 = **juguete**

#15

[jang-nan-kkam]

Mira con atención la forma en que el ejemplo fue escrito por diferentes nativos. Comienza con el Recuadro 1, traza la palabra en el Recuadro 2 y después intenta escribir a mano en los Recuadros 3 y 4 utilizando el mismo estilo.

(1) 장난감 (2) 장난감

(3)   (4)

장난감   장난감

장난감   장난감

Ahora practica tu propia escritura a mano aquí:

➔

주차장 = **estacionamiento**

[ju-cha-jang]

Mira con atención la forma en que el ejemplo fue escrito por diferentes nativos. Comienza con el Recuadro 1, traza la palabra en el Recuadro 2 y después intenta escribir a mano en los Recuadros 3 y 4 utilizando el mismo estilo.

(1) (2)

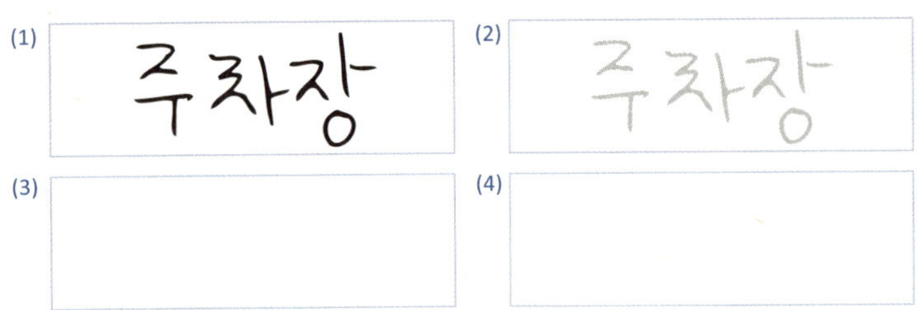

(3) (4)

Ahora practica tu propia escritura a mano aquí:

➡

초콜렛 = chocolate

[cho-col-let]

Mira con atención la forma en que el ejemplo fue escrito por diferentes nativos. Comienza con el Recuadro 1, traza la palabra en el Recuadro 2 y después intenta escribir a mano en los Recuadros 3 y 4 utilizando el mismo estilo.

(1)
(2)
(3)
(4)

Ahora practica tu propia escritura a mano aquí:

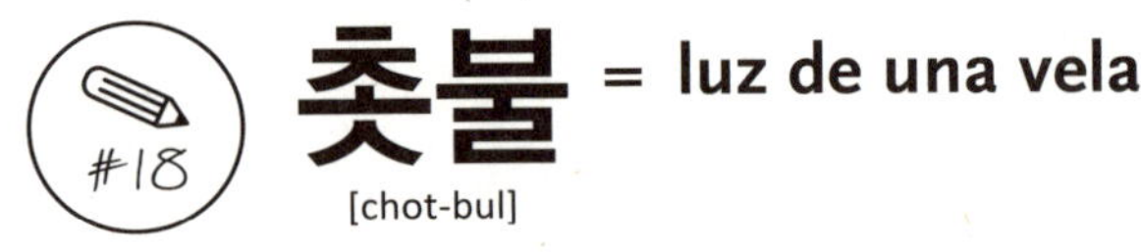

촛불 = luz de una vela

[chot-bul]

Mira con atención la forma en que el ejemplo fue escrito por diferentes nativos. Comienza con el Recuadro 1, traza la palabra en el Recuadro 2 y después intenta escribir a mano en los Recuadros 3 y 4 utilizando el mismo estilo.

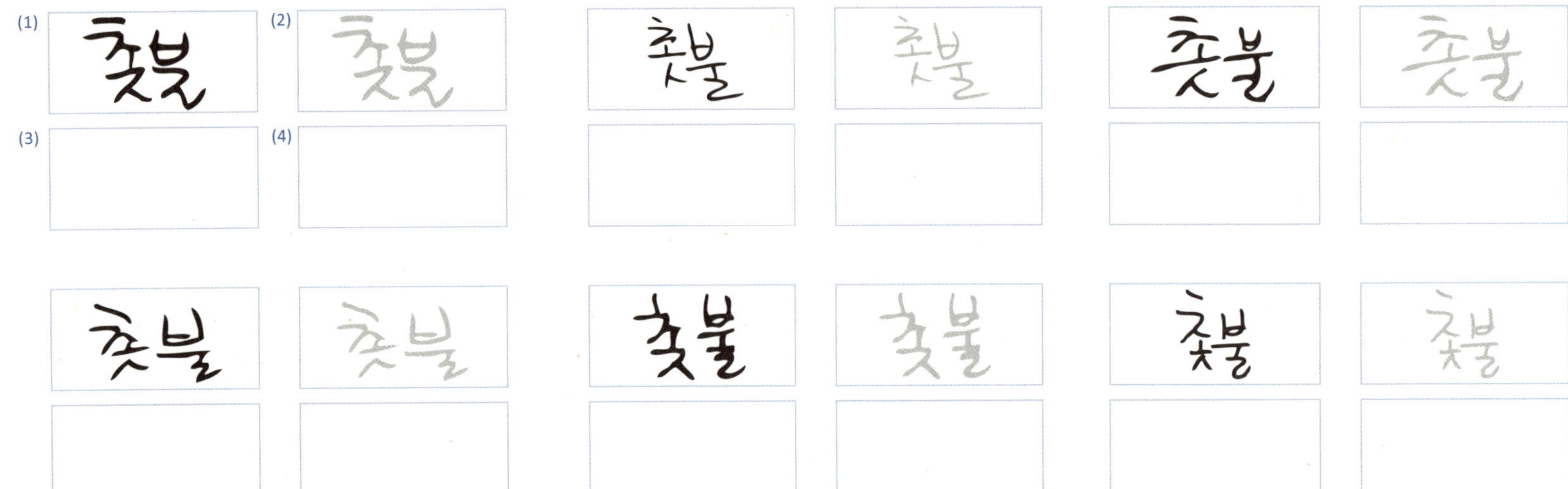

Ahora practica tu propia escritura a mano aquí:

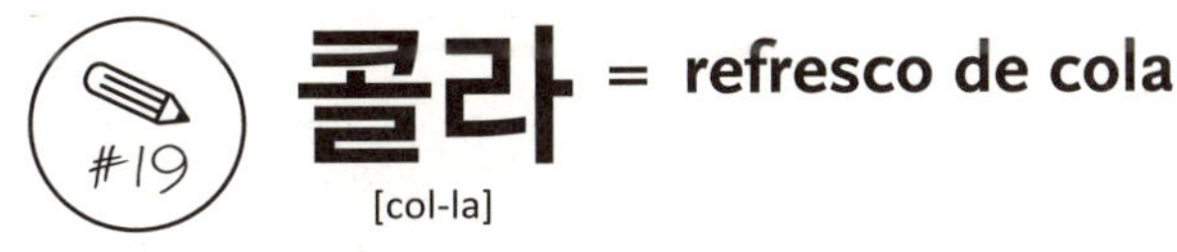

콜라 = refresco de cola

[col-la]

Mira con atención la forma en que el ejemplo fue escrito por diferentes nativos. Comienza con el Recuadro 1, traza la palabra en el Recuadro 2 y después intenta escribir a mano en los Recuadros 3 y 4 utilizando el mismo estilo.

Ahora practica tu propia escritura a mano aquí:

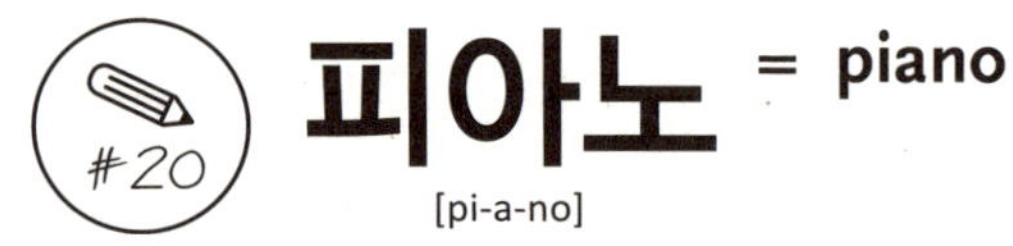

Mira con atención la forma en que el ejemplo fue escrito por diferentes nativos. Comienza con el Recuadro 1, traza la palabra en el Recuadro 2 y después intenta escribir a mano en los Recuadros 3 y 4 utilizando el mismo estilo.

(1) (2) (3) (4)

Ahora practica tu propia escritura a mano aquí:

호랑이 = tigre

[ho-rang-i]

Mira con atención la forma en que el ejemplo fue escrito por diferentes nativos. Comienza con el Recuadro 1, traza la palabra en el Recuadro 2 y después intenta escribir a mano en los Recuadros 3 y 4 utilizando el mismo estilo.

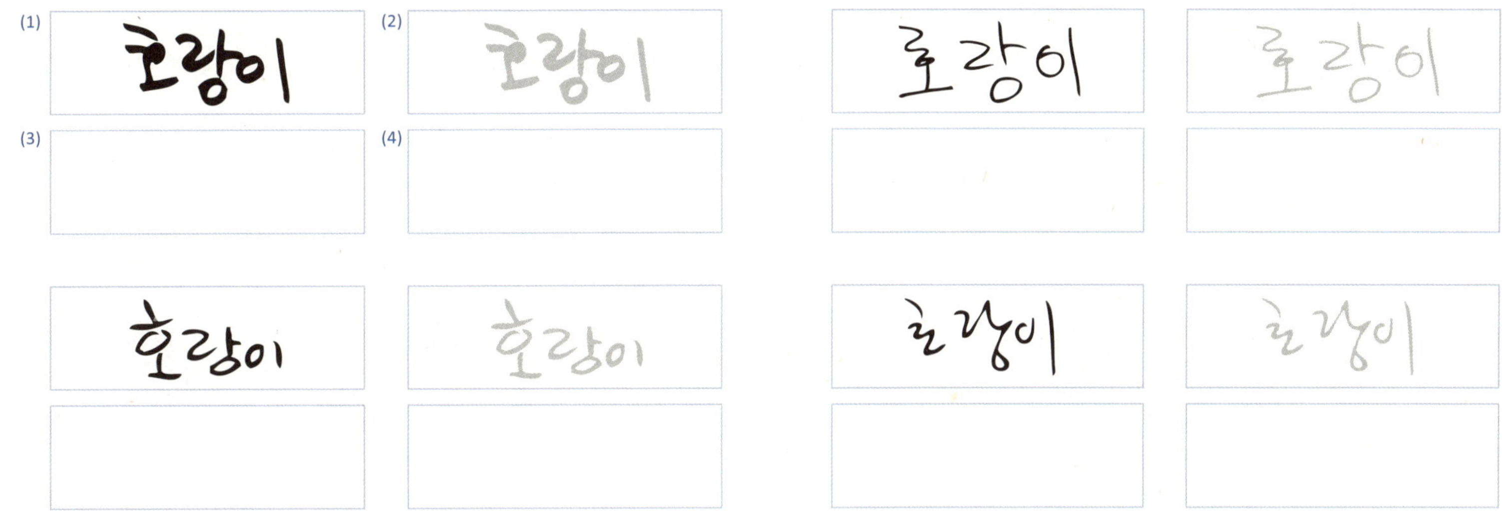

Ahora practica tu propia escritura a mano aquí:

➤

호루라기 = **silbato**
[ho-ru-ra-gi]

Mira con atención la forma en que el ejemplo fue escrito por diferentes nativos. Comienza con el Recuadro 1, traza la palabra en el Recuadro 2 y después intenta escribir a mano en los Recuadros 3 y 4 utilizando el mismo estilo.

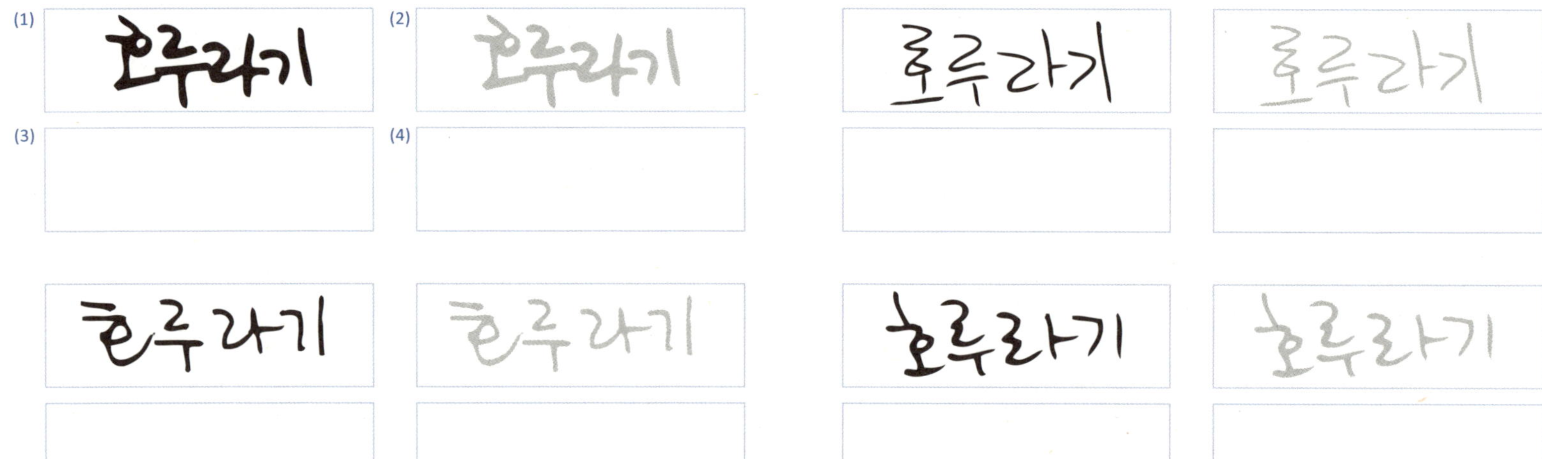

Ahora practica tu propia escritura a mano aquí:

호빵 = bollo al vapor
[ho-ppang]

Mira con atención la forma en que el ejemplo fue escrito por diferentes nativos. Comienza con el Recuadro 1, traza la palabra en el Recuadro 2 y después intenta escribir a mano en los Recuadros 3 y 4 utilizando el mismo estilo.

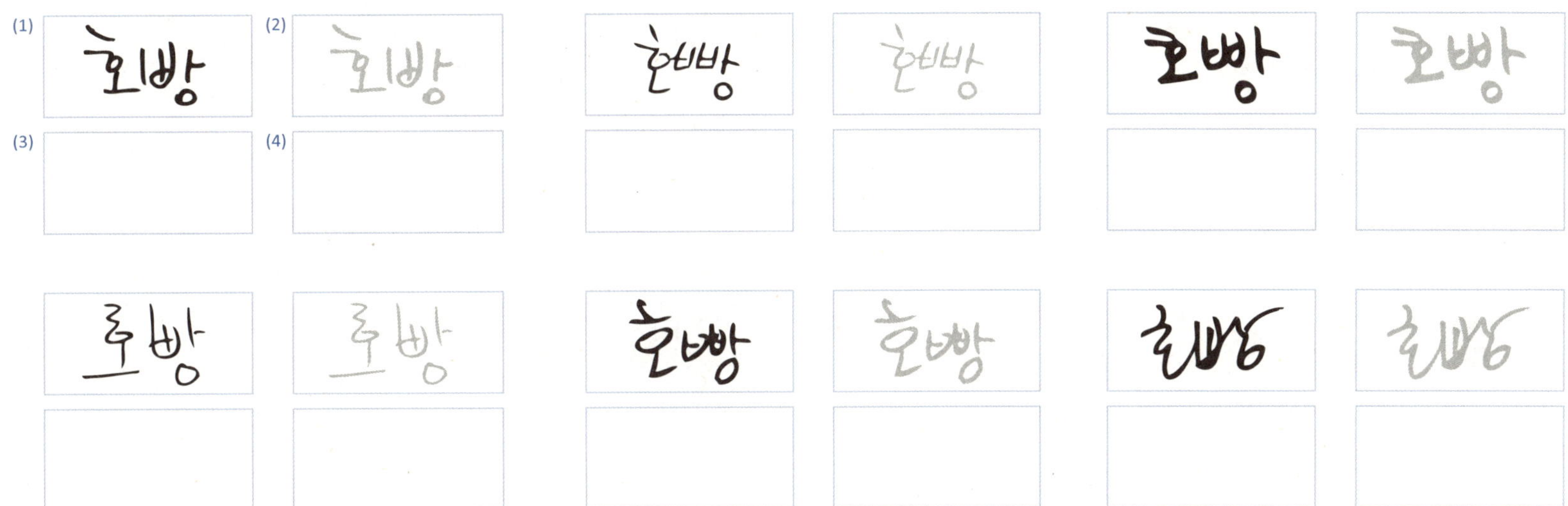

Ahora practica tu propia escritura a mano aquí:

감사합니다. = Gracias.

Mira con atención la forma en que el ejemplo fue escrito por diferentes nativos. Comienza con el Recuadro 1, traza la palabra en el Recuadro 2 y después intenta escribir a mano en los Recuadros 3 y 4 utilizando el mismo estilo.

(1) 감사합니다.

(2) 감사합니다.

감사합니다.

감사합니다.

(3)

(4)

감사합니다.

감사합니다.

감사합니다.

감사합니다.

Ahora practica tu propia escritura a mano aquí:

➡

고맙습니다. = Gracias.

[go-map-seum-ni-da.]

#25

Mira con atención la forma en que el ejemplo fue escrito por diferentes nativos. Comienza con el Recuadro 1, traza la palabra en el Recuadro 2 y después intenta escribir a mano en los Recuadros 3 y 4 utilizando el mismo estilo.

(1) 고맙습니다. (2) 고맙습니다. 고맙습니다. 고맙습니다.

(3) (4)

고맙습니다. 고맙습니다. 고맙습니다. 고맙습니다.

Ahora practica tu propia escritura a mano aquí:

➜

괜찮아요. = **Estoy bien.**

[gwaen-cha-na-yo.]

Mira con atención la forma en que el ejemplo fue escrito por diferentes nativos. Comienza con el Recuadro 1, traza la palabra en el Recuadro 2 y después intenta escribir a mano en los Recuadros 3 y 4 utilizando el mismo estilo.

(1) 괜찮아요.

(2) 괜찮아요.

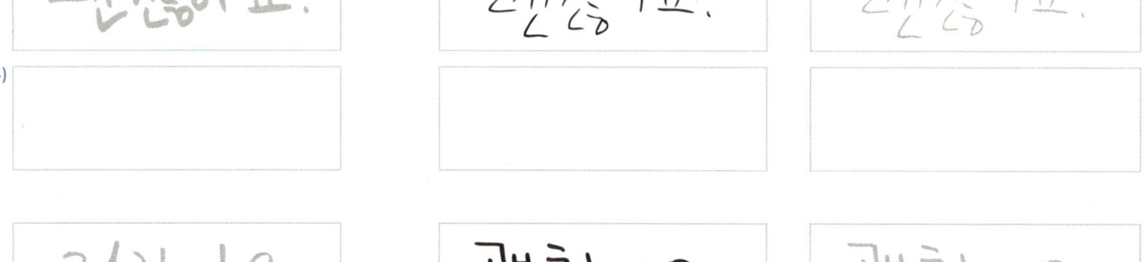

(3)

(4)

Ahora practica tu propia escritura a mano aquí:

➜

너무 예뻐요. = **Es muy bonito/a.**

[neo-mu ye-ppeo-yo.]

Mira con atención la forma en que los ejemplos fueron escritos por diferentes nativos. Comienza con el Recuadro 1, traza la palabra en el Recuadro 2 y después intenta escribir a mano en los Recuadros 3 y 4 utilizando el mismo estilo.

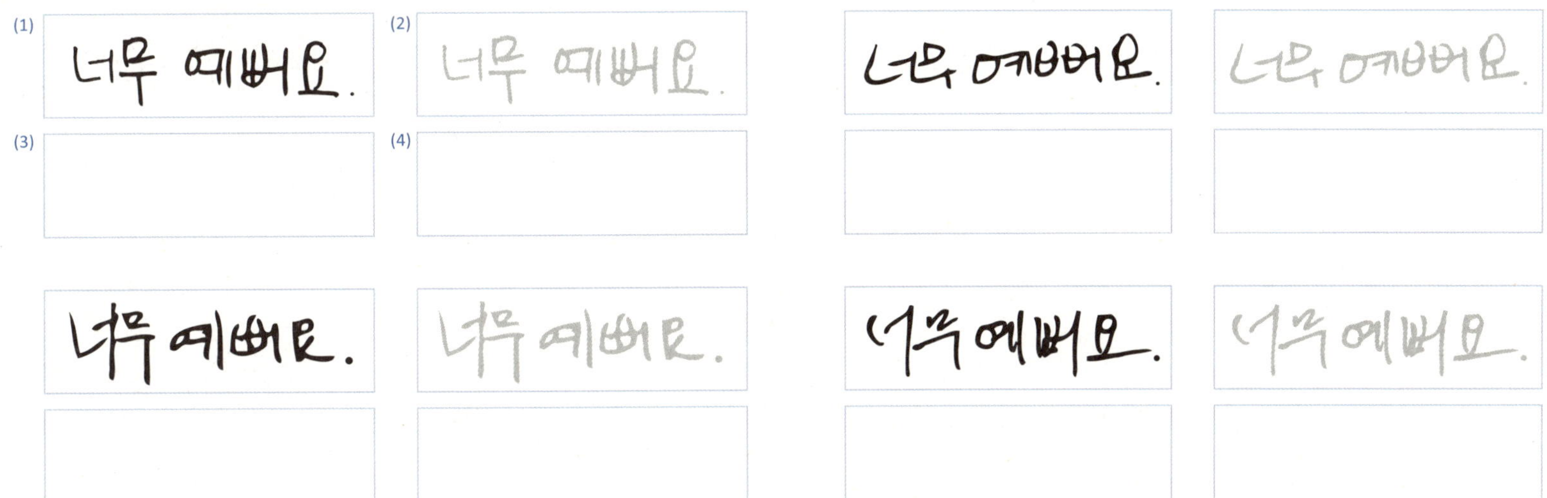

Ahora practica tu propia escritura a mano aquí:

➜

다음에 또 만나요. = **Nos vemos luego.**

[da-eu-me tto man-na-yo.]

Mira con atención la forma en que los ejemplos fueron escritos por diferentes nativos. Comienza con el Recuadro 1, traza la palabra en el Recuadro 2 y después intenta escribir a mano en los Recuadros 3 y 4 utilizando el mismo estilo.

(1)
다음에 또 만나요.
다음에 또 만나요.
다음에 또 만나요.

(2)
다음에 또 만나요.
다음에 또 만나요.
다음에 또 만나요.

(3)

(4)

Ahora practica tu propia escritura a mano aquí:

➜

도와줘서 고마워요. = **Gracias por ayudarme.**

[do-wa-jwo-seo go-ma-wo-yo.]

Mira con atención la forma en que los ejemplos fueron escritos por diferentes nativos. Comienza con el Recuadro 1, traza la palabra en el Recuadro 2 y después intenta escribir a mano en los Recuadros 3 y 4 utilizando el mismo estilo.

(1) 도와줘서 고마워요. 도와줘서 고마워요. 도와줘서 고마워요.

(2) 도와줘서 고마워요. 도와줘서 고마워요. 도와줘서 고마워요.

(3)

(4)

Ahora practica tu propia escritura a mano aquí:

→

마음에 들었으면 좋겠어요. = **Espero que te guste.**

[ma-eu-me deu-reo-sseu-myeon jo-ke-sseo-yo.]

Mira con atención la forma en que los ejemplos fueron escritos por diferentes nativos. Comienza con el Recuadro 1, traza la palabra en el Recuadro 2 y después intenta escribir a mano en los Recuadros 3 y 4 utilizando el mismo estilo.

(1) 마음에 들었으면 좋겠어요.

(2) 마음에 들었으면 좋겠어요.

(3)

(4)

Ahora practica tu propia escritura a mano aquí:

만나서 반가웠어요. = **Mucho gusto en conocerte.**

[man-na-seo ban-ga-wo-sseo-yo.]

Mira con atención la forma en que los ejemplos fueron escritos por diferentes nativos. Comienza con el Recuadro 1, traza la palabra en el Recuadro 2 y después intenta escribir a mano en los Recuadros 3 y 4 utilizando el mismo estilo.

(1)

만나서 반가웠어요. 　 만나서 반가웠어요. 　 만나서 반가웠어요.

(2)

만나서 반가웠어요. 　 만나서 반가웠어요. 　 만나서 반가웠어요.

(3)

(4)

Ahora practica tu propia escritura a mano aquí:

➜

맛있게 드세요. = **Buen provecho.**

[ma-sit-ge deu-se-yo.]

Mira con atención la forma en que los ejemplos fueron escritos por diferentes nativos. Comienza con el Recuadro 1, traza la palabra en el Recuadro 2 y después intenta escribir a mano en los Recuadros 3 y 4 utilizando el mismo estilo.

(1) 맛있게 드세요.

(2) 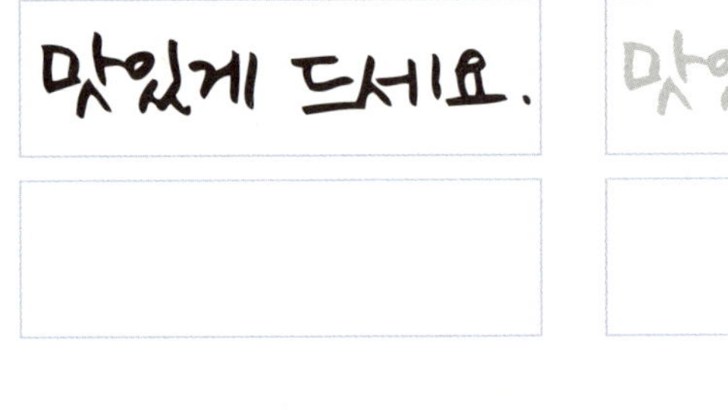

맛있게 드세요.

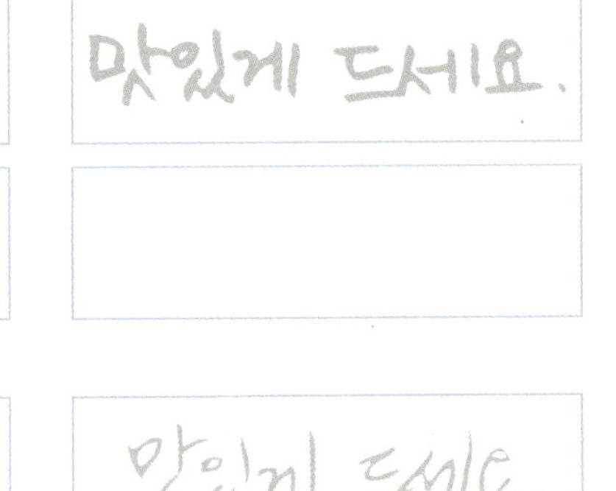

(3)

(4)

맛있게 드세요. 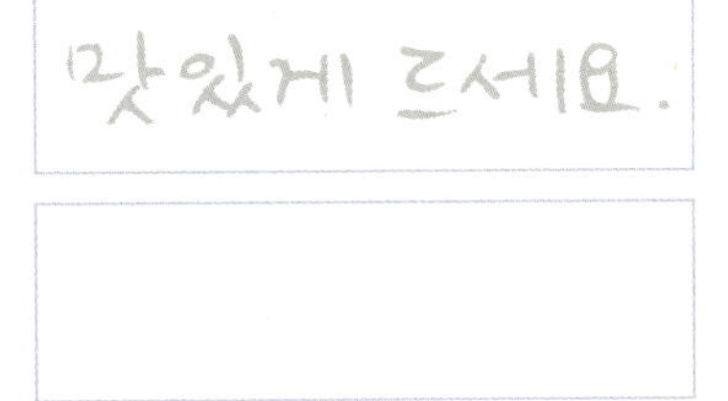

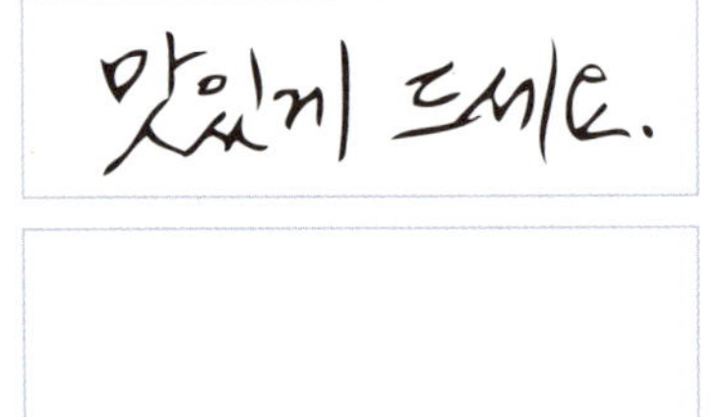

Ahora practica tu propia escritura a mano aquí:

메리 크리스마스. = **Feliz Navidad.**

[me-ri keu-ri-seu-ma-seu.]

Mira con atención la forma en que los ejemplos fueron escritos por diferentes nativos. Comienza con el Recuadro 1, traza la palabra en el Recuadro 2 y después intenta escribir a mano en los Recuadros 3 y 4 utilizando el mismo estilo.

(1) 메리 크리스마스. 메리 크리스마스. 메리 크리스마스.

(2) 메리 크리스마스. 메리 크리스마스. 메리 크리스마스.

(3)

(4)

Ahora practica tu propia escritura a mano aquí:

➡

새해 복 많이 받으세요. = **Feliz Año Nuevo.**

[sae-hae bok ma-ni ba-deu-se-yo.]

Mira con atención la forma en que los ejemplos fueron escritos por diferentes nativos. Comienza con el Recuadro 1, traza la palabra en el Recuadro 2 y después intenta escribir a mano en los Recuadros 3 y 4 utilizando el mismo estilo.

(1)

새해 복 많이 받으세요. | 새해 복 많이 받으세요. | 새해 복 많이 받으세요.

(2)

새해 복 많이 받으세요. | 새해 복 많이 받으세요. | 새해 복 많이 받으세요.

(3)

(4)

Ahora practica tu propia escritura a mano aquí:

생일 축하해요. = **Feliz cumpleaños.**

[saeng-il chu-ka-hae-yo.]

Mira con atención la forma en que los ejemplos fueron escritos por diferentes nativos. Comienza con el Recuadro 1, traza la palabra en el Recuadro 2 y después intenta escribir a mano en los Recuadros 3 y 4 utilizando el mismo estilo.

(1) 생일 축하해요.

(2) 생일 축하해요.

생일 축하해요.

생일 축하해요.

(3)

(4)

생일 축하해요.

생일 축하해요.

생일 축하해요.

생일 축하해요.

Ahora practica tu propia escritura a mano aquí:

식사 맛있게 하세요. = **Buen provecho.**

[sik-sa ma-sit-ge ha-se-yo.]

Mira con atención la forma en que los ejemplos fueron escritos por diferentes nativos. Comienza con el Recuadro 1, traza la palabra en el Recuadro 2 y después intenta escribir a mano en los Recuadros 3 y 4 utilizando el mismo estilo.

(1)

식사 맛있게 하세요.　　식사 맛있게 하세요.　　식사 맛있게 하세요.

(2)

식사 맛있게 하세요.　　식사 맛있게 하세요.　　식사 맛있게 하세요.

(3)

(4)

Ahora practica tu propia escritura a mano aquí:

안녕하세요. = Hola.

[an-nyeong-ha-se-yo.]

#37

Mira con atención la forma en que el ejemplo fue escrito por diferentes nativos. Comienza con el Recuadro 1, traza la palabra en el Recuadro 2 y después intenta escribir a mano en los Recuadros 3 y 4 utilizando el mismo estilo.

(1) 안녕하세요.

(2) 안녕하세요.

안녕하세요.

안녕하세요.

(3)

(4)

안녕하세요.

안녕하세요.

안녕하세요.

안녕하세요.

Ahora practica tu propia escritura a mano aquí:

➜

Mira con atención la forma en que los ejemplos fueron escritos por diferentes nativos. Comienza con el Recuadro 1, traza la palabra en el Recuadro 2 y después intenta escribir a mano en los Recuadros 3 y 4 utilizando el mismo estilo.

(1) 안녕히 가세요.

(2) 안녕히 가세요.

안녕히 가세요.

안녕히 가세요.

(3)

(4)

안녕히 가세요.

안녕히 가세요.

안녕히 가세요.

안녕히 가세요.

Ahora practica tu propia escritura a mano aquí:

안녕히 계세요. = **Adiós. (a alguien que se queda)**

[an-nyeong-hi gye-se-yo.]

Mira con atención la forma en que los ejemplos fueron escritos por diferentes nativos. Comienza con el Recuadro 1, traza la palabra en el Recuadro 2 y después intenta escribir a mano en los Recuadros 3 y 4 utilizando el mismo estilo.

(1) 안녕히 계세요.

(2) 안녕히 계세요.

안녕히 계세요.

안녕히 계세요.

(3)

(4)

안녕히 계세요.

안녕히 계세요.

안녕히 계세요.

안녕히 계세요.

Ahora practica tu propia escritura a mano aquí:

➜

여기는 어떻게 가요? = **¿Cómo puedo ir allí?**

[yeo-gi-neun eo-tteo-ke ga-yo?]

Mira con atención la forma en que los ejemplos fueron escritos por diferentes nativos. Comienza con el Recuadro 1, traza la palabra en el Recuadro 2 y después intenta escribir a mano en los Recuadros 3 y 4 utilizando el mismo estilo.

(1)

여기는 어떻게 가요?　　여기는 어떻게 가요?　　여기는 어떻게 가요?

(2)

여기는 어떻게 가요?　　여기는 어떻게 가요?　　여기는 어떻게 가요?

(3)

(4)

Ahora practica tu propia escritura a mano aquí:

Capítulo IV. Hangeul escrito a mano

오늘 뭐 할 거예요? = ¿Qué vas a hacer hoy?

[o-neul mwo hal geo-ye-yo?]

Mira con atención la forma en que los ejemplos fueron escritos por diferentes nativos. Comienza con el Recuadro 1, traza la palabra en el Recuadro 2 y después intenta escribir a mano en los Recuadros 3 y 4 utilizando el mismo estilo.

(1) 오늘 뭐 할 거예요? 오늘 뭐 할 거예요? 오늘 뭐 할 거예요?

(2) 오늘 뭐 할 거예요? 오늘 뭐 할 거예요? 오늘 뭐 할 거예요?

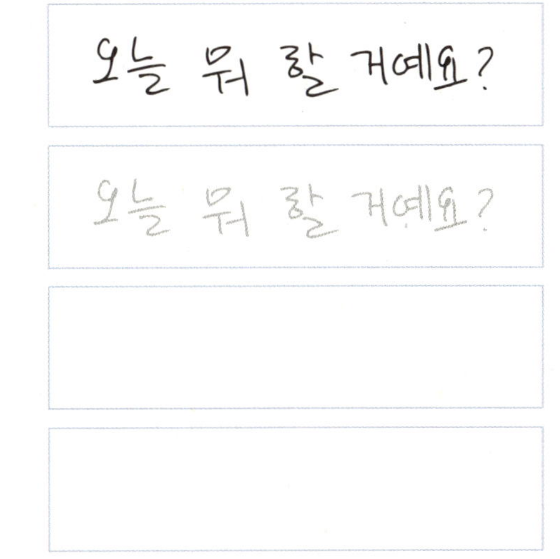

(3)

(4)

Ahora practica tu propia escritura a mano aquí:

➡

월화수목금토일 = **De lunes a domingo.**

[wo-rwa-su-mok-geum-to-il]

Mira con atención la forma en que los ejemplos fueron escritos por diferentes nativos. Comienza con el Recuadro 1, traza la palabra en el Recuadro 2 y después intenta escribir a mano en los Recuadros 3 y 4 utilizando el mismo estilo.

(1)

월화수목금토일

원화수목금토일

월화수목금토일

(2)

월화수목금토일

원화수목금토일

월화수목금토일

(3)

(4)

Ahora practica tu propia escritura a mano aquí:

➜

Mira con atención la forma en que los ejemplos fueron escritos por diferentes nativos. Comienza con el Recuadro 1, traza la palabra en el Recuadro 2 y después intenta escribir a mano en los Recuadros 3 y 4 utilizando el mismo estilo.

(1) 이거 뭐예요?
(2) 이거 뭐예요?

이거 뭐예요?
이거 뭐예요?

(3)
(4)

이거 뭐예요?
이거 뭐예요?

이거 뭐예요?
이거 뭐예요?

Ahora practica tu propia escritura a mano aquí:

➔

이따가 전화해 주세요. = **Llámeme más tarde.**

[i-tta-ga jeo-nwa-hae ju-se-yo.]

Mira con atención la forma en que los ejemplos fueron escritos por diferentes nativos. Comienza con el Recuadro 1, traza la palabra en el Recuadro 2 y después intenta escribir a mano en los Recuadros 3 y 4 utilizando el mismo estilo.

(1)

이따가 전화해 주세요.

이따가 전화해 주세요.

이따가 전화해 주세요.

(2)

이따가 전화해 주세요.

이따가 전화해 주세요.

이따가 전화해 주세요.

(3)

(4)

Ahora practica tu propia escritura a mano aquí:

잘 먹겠습니다. = **Buen provecho (voy a comer bien)**

#45

[jal meok-ge-sseum-ni-da.]

Mira con atención la forma en que los ejemplos fueron escritos por diferentes nativos. Comienza con el Recuadro 1, traza la palabra en el Recuadro 2 y después intenta escribir a mano en los Recuadros 3 y 4 utilizando el mismo estilo.

(1)

잘 먹겠습니다.

잘 먹겠습니다.

잘 먹겠습니다.

(2)

잘 먹겠습니다.

잘 먹겠습니다.

잘 먹겠습니다.

(3)

(4)

Ahora practica tu propia escritura a mano aquí:

 #46 잘 먹었습니다. = **Disfruté la comida (comí bien)**

[jal meo-geo-sseum-ni-da.]

Mira con atención la forma en que los ejemplos fueron escritos por diferentes nativos. Comienza con el Recuadro 1, traza la palabra en el Recuadro 2 y después intenta escribir a mano en los Recuadros 3 y 4 utilizando el mismo estilo.

(1)

잘 먹었습니다.   잘 먹었습니다.   잘 먹었습니다.

(2)

잘 먹었습니다.   잘 먹었습니다.   잘 먹었습니다.

(3)

(4)

Ahora practica tu propia escritura a mano aquí:

Capítulo IV. Hangeul escrito a mano

저녁에 뭐 먹고 싶어요? = **¿Qué quiere comer hoy?**

[jeo-nyeo-ge mwo meok-go si-peo-yo?]

Mira con atención la forma en que los ejemplos fueron escritos por diferentes nativos. Comienza con el Recuadro 1, traza la palabra en el Recuadro 2 y después intenta escribir a mano en los Recuadros 3 y 4 utilizando el mismo estilo.

(1)

저녁에 뭐 먹고 싶어요!   저녁에 뭐먹고 싶어요?   저녁에 뭐 먹고 싶어요?

(2)

저녁에 뭐 먹고 싶어요!   저녁에 뭐먹고 싶어요?   저녁에 뭐 먹고 싶어요?

(3)

(4)

Ahora practica tu propia escritura a mano aquí:

좋은 하루 보내세요. = **Que tenga buen día.**

[jo-eun ha-ru bo-nae-se-yo.]

Mira con atención la forma en que los ejemplos fueron escritos por diferentes nativos. Comienza con el Recuadro 1, traza la palabra en el Recuadro 2 y después intenta escribir a mano en los Recuadros 3 y 4 utilizando el mismo estilo.

(1) 좋은 하루 보내세요.

좋은 하루 보내세요.

좋은 하루 보내세요.

(2) 좋은 하루 보내세요.

좋은 하루 보내세요.

좋은 하루 보내세요.

(3)

(4)

Ahora practica tu propia escritura a mano aquí:

#49 퇴근하고 만나요. = **Vamos a vernos después del trabajo.**

[toe-geu-na-go man-na-yo.]

Mira con atención la forma en que los ejemplos fueron escritos por diferentes nativos. Comienza con el Recuadro 1, traza la palabra en el Recuadro 2 y después intenta escribir a mano en los Recuadros 3 y 4 utilizando el mismo estilo.

(1)

퇴근하고 만나요. 퇴근하고 만나요. 퇴근하고 만나요.

(2)

퇴근하고 만나요. 퇴근하고 만나요. 퇴근하고 만나요.

(3)

(4)

Ahora practica tu propia escritura a mano aquí:

행복하세요. = **Sea feliz.**

[haeng-bo-ka-se-yo.]

Mira con atención la forma en que el ejemplo fue escrito por diferentes nativos. Comienza con el Recuadro 1, traza la palabra en el Recuadro 2 y después intenta escribir a mano en los Recuadros 3 y 4 utilizando el mismo estilo.

(1)

(2)

(3)

(4)

Ahora practica tu propia escritura a mano aquí:

4. ¿Sabías qué...?
Acortando oraciones sin sacrificar el significado

Con Hangeul se puede expresar más con menos palabras que en español. Tal vez no en todos los casos, pero la mayoría de las veces se pueden acortar las frases. Esto es especialmente útil cuando se escribe en redes sociales o cuando se envían mensajes de texto donde existe un número determinado de caracteres para escribir tu mensaje.

Tomemos, por ejemplo, la palabra "parasol". En español se escribe con 7 letras pero en Hangeul, la palabra para "parasol" es **파라솔**, que tiene sólo 3 sílabas y cuando escribes un mensaje de texto ocupa sólo 3 espacios en vez 7 espacios en español.

Aquí hay algunos ejemplos más:

café (4 letras) = **커피** (2 sílabas)

Canadá (6 letras) = **캐나다** (3 sílabas)

hamburguesa (11 letras) = **햄버거** (3 sílabas)

televisión (10 letras) = **텔레비전** (4 sílabas)

El Hangeul permite omitir más cosas en una frase que en español. Si el contexto es claro, se puede omitir el sujeto, el objeto, o incluso ¡el verbo! Esto hace que sea muy fácil reducir al mínimo la escritura sin tener que sacrificar el significado.

Ejemplos:

1. Ayer me encontré con mis amigos.

= 저는 어제 친구들을 만났어요.

= 저 어제 친구들 만났어요.

= 어제 친구들 만났어요.

= 어제 친구 만났어요.

2. Voy a ir a casa y voy a dormir.

= 저는 집에 가서 잠을 잘 거예요.

= 저는 집에 가서 잘 거예요.

= 집에 가서 잘 거예요.

= 집에 가 잘 거예요.

Unidad III. Prueba de escritura coreana a mano

¿Estás listo para probar tu habilidad para leer coreano escrito a mano?

Hay 60 preguntas en esta prueba.

Lee la palabra o la frase escrita a mano y encierra en un círculo el texto impreso que mejor represente al ejemplo escrito a mano.

Las respuestas están en la página 162.

가방

(1) ㄱ빵　　(2) 개랑
(3) 가방　　(4) 개방

고구마

(1) 고수마　　(2) 고구마
(3) 고구라　　(4) 소수마

구두

(1) 3루　　(2) 구루
(3) 구두　　(4) ㅕ루

도로

(1) 도로　　(2) 도노
(3) 조로　　(4) 조노

모자

(1) 오자　　(2) 모자
(3) 조자　　(4) 로자

바람

(1) 배남　　(2) 어맘
(3) 바람　　(4) 바락

Capítulo IV. Hangeul escrito a mano

손수건

(1) 손수건　　　(2) 손구건

(3) 손두건　　　(4) 손쉬고

피아노

(1) 개아로　　　(2) 개이로

(3) 피아모　　　(4) 피아노

의사

(1) 의사　　　(2) 외사

(3) 어사　　　(4) 회사

콜라

(1) 돈라　　　(2) 콜라

(3) 몰라　　　(4) 콜나

장난감

(1) 장난간　　　(2) 장쏘감

(3) 장난감　　　(4) 장쏘과

호랑이

(1) 코랑이　　　(2) 호랑이

(3) 천랑이　　　(4) 천광이

#13

호빵

(1) 초방   (2) 호방

(3) 초광   (4) 호빵

#14

전화

(1) 건화   (2) 선화

(3) 전화   (4) 전촤

#15

친구

(1) 친3   (2) 권구

(3) 권3   (4) 친구

#16

신발

(1) 신발   (2) 닌발

(3) 진발   (4) 신백

#17

노래

(1) W래   (2) 노래

(3) 나래   (4) 노태

#18

질문

(1) 질문   (2) 건문

(3) 질만   (4) 건만

요리

(1) 오리　　(2) 요리

(3) 우리　　(4) 워리

길

(1) 긴　　(2) 김

(3) 길　　(4) 릴

문제

(1) 운제　　(2) 문제

(3) 문세　　(4) 군제

운동

(1) 운농　　(2) 운동

(3) 운옹　　(4) 안동

강아지

(1) 상아시　　(2) 강아지

(3) 갱아지　　(4) 갱이지

아이스크림

(1) 아이스크림　　(2) 아이그크림

(3) 아이스군림　　(4) 아이스군딤

시간

(1) 시포 (2) 시모
(3) 시간 (4) 시조

편의점

(1) 면의점 (2) 련의점
(3) 떤의점 (4) 편의점

생각

(1) 생푸 (2) 상푸
(3) 생각 (4) 상각

컴퓨터

(1) 컹루러 (2) 컹류리
(3) 컴퓨터 (4) 컴퓨리

거짓말

(1) 거짓말 (2) 거짓밀
(3) 개짓밀 (4) 거짓알

지하철

(1) 거하철 (2) 거바철
(3) 지하철 (4) 지하척

Capítulo IV. Hangeul escrito a mano

#31

서울

(1) 서불   (2) 서울

(3) 개울   (4) 저울

#32

대구

(1) 머구   (2) 머수

(3) 대수   (4) 대구

#33

대전

(1) 머전   (2) 대전

(3) 대건   (4) 머건

#34

부산

(1) 부산   (2) 부솨

(3) 부모   (4) 우산

#35

광주

(1) 랑구   (2) 랑주

(3) 광주   (4) 광수

#36

제주도

(1) 제주도   (2) 제수도

(3) 제주W   (4) 제누도

#37

#38

(1) 왜~　　　(2) 옷

(3) 옷　　　(4) 와

(1) 락교　　　(2) 학교

(3) 학고　　　(4) 착교

#39

#40

(1) M주실　　　(2) 시무실

(3) 시주실　　　(4) 사무실

(1) 에리 크리스마스　　　(2) 베리 크리스마스

(3) 메리 크리스마스　　　(4) 네리 크리스마스

안녕하게요

(1) 안ㄴㅎ하세요   (2) 안녕하세요

(3) 안녕하제요   (4) 안녕하세9ㄴ

저녁에 뭐 먹고 싶어요?

(1) 2벽에 뭐 먹고 식니온?   (2) 저녁에 뭐 목고 식니온?

(3) 저녁에 뭐 먹고 싶어요?   (4) 그넉에 뭐 1걱고 싶어요?

이끄 뭐기에요?

(1) 이ㄲ 무가기요?   (2) 이거 뭐예요?

(3) 이거 무가기요?   (4) 이3 뭐예요?

좋은 하루 보내세요.

(1) 폴은 과루 보네세요   (2) 좋은 과루 보내세요

(3) 롤은 하루 보네세요   (4) 좋은 하루 보내세요

괜 찮 아외

(1) 괜랂아요　　　　(2) 괜찮아요

(3) 괜랂아91　　　　(4) 괜랂아외

웃지 마째요

(1) 웃지 마세요　　　　(2) 웃지 마제요

(3) 잊지 마세요　　　　(4) 잊지 마제요

시간이 너무 빨라요

(1) 시간이 너무 빨라요　　　　(2) 시포이 너루 빨나요

(3) 시포이 너루 발나요　　　　(4) 시간이 너루 빨나요

이거 누가 만들었어요 ?

(1) 이거 눠 만들었어요?　　　　(2) 미거 누가 만들었어요?

(3) 이거 누가 만들었어요?　　　　(4) 미거 눼 만들었어묘?

오래 기다렸어요?

(1) 오해 기다렸이요? (2) 오해 기다렸어요?

(3) 오해 기다렸어요? (4) 오래 기다렸어요?

질문이 있어요

(1) 걸몬이 있어요 (2) 질문이 있어요

(3) 질몬이 있어요 (4) 질물이 있어요

운동 좋아하세요?

(1) 운릉 동아하세요? (2) 운동 좋아하세요?

(3) 운동 동아하세요? (4) 운릉 좋아하세요?

눈을 감으세요

(1) 고을 감으서1오 (2) 눈을 감으ㅅ 기요

(3) 눈을 감으세요 (4) 고을 감으세요

#53

그 책 재미있어요?

(1) 그 책 래미있어요?
(2) 그 책 재미있어요?
(3) 그 책 자비있어요?
(4) 그 책 재미입어요?

#54

거짓말 하지 마세요

(1) 거짓랄 하저 하세요
(2) 거것랄 하지 라세요
(3) 거짓말 하지 마세요
(4) 거것랄 하저 하세요

#55

왜 아직도 안 자요?

(1) 오H 아직W 안 자요?
(2) 왜 아직도 안 자요?
(3) 왜 아직로 안 자요?
(4) 왜 아격도 안 자요?

#56

무서운 꿈을 꿨어요

(1) 무M은 끌을 꿨어요
(2) 무서운 꿈을 꿨어요
(3) 무러운 꿈을 꿨이요
(4) 무서운 꿈을 꿨어와

Capítulo IV. Hangeul escrito a mano

잘 생각해 보세요

(1) 잘 생각해 몬세은　　(2) 잘 생각해 보세요

(3) 잘 생각해 부세온　　(4) 잘 생각해 보세호

제 문자 받았어요

(1) 제 룬자 밭알이은　　(2) 제 문자 받았어은

(3) 제 룬자 발았어요　　(4) 제 문자 받았어요

냉장고를 열어 보세요

(1) 뱅장고를 열어 넌세요　(2) 냉장고를 열어 넌세요

(3) 냉장고를 열어 보세와　(4) 냉장고를 열어 보세요

저는 쇼핑하는 걸 싫어해요

(1) 저른 쇼펑하른 건 신어해요　(2) 저는 쇼핑하는 걸 싫어해요

(3) 저를 쇼핑하를 걸 싫어해요　(4) 저를 쇼링하는 걸 실어해요

5. ¿Sabías qué...?
Caracteres chinos en el idioma coreano

En la "Historia del Hangeul" se mencionó que antes de que el Hangeul se inventara, los coreanos tomaron prestados los caracteres chinos (llamados Hanja [한자]) y los modificaron para representar el sonido de las palabras coreanas. Muchos documentos importantes eran escritos con caracteres chinos, y aunque la mayoría de los caracteres chinos han sido sustituidos por Hangeul, todavía hay algunos caracteres chinos que siguen teniendo un lugar permanente en Corea.

Así que, ¿cuántos Hanja realmente saben los coreanos nativos? En realidad depende de cada persona, pero al coreano promedio que recibió la educación pública más básica le fueron enseñados entre cientos y un par de miles de caracteres chinos. Aunque siendo realistas, debido a que los Hanja no se utilizan de manera predominante, la mayoría de la gente puede reconocer sólo algunos cientos de caracteres y puede escribir aún menos porque el Hangeul hace que el conocimiento de la escritura de los Hanja sea casi innecesario.

Por ejemplo, la palabra **전진** es una palabra que mucha gente será probablemente capaz de reconocer al instante los caracteres chinos con la que fue formada; **전** significa "hacia adelante" (前) y **진** significa "progreso" (進), sin embargo, es posible que no puedan escribir dichos caracteres, simplemente porque nunca han tenido que hacerlo antes.

Aunque saber Hanja no es esencial para aprender coreano o para sobrevivir en Corea, todavía hay algunos lugares y publicaciones que los utilizan, así que, si alguna vez te interesa aprender Hanja, tus esfuerzos serán en realidad bastante útiles.

RESPUESTAS

Unidad I. Vocales simples (단모음)

Prueba Rápida

1. (1) "a" como en "papá"
2. (4) 애 y 에
3. (2) "i" como en "iris"
4. (2) 우
5. (4) 으
6. (4) 어에
7. (3) 이오

Unidad II. Consonantes (자음) Parte 1

Prueba Rápida

1. (1) "g" como en "gato"
2. (2) ㅇ
3. (3) 주
4. (4) 바
5. (2) 모
6. (1) 나라
7. (3) 도보

Unidad III. Consonantes (자음) Parte 2

Prueba Rápida

1. (4) "h" como en "harmony" o "happy" (en inglés)
2. (2) "k" como en "Korea" (en inglés)
3. (1) 터
4. (4) 파
5. (3) 초
6. (3) 포호
7. (4) 토카

Ejercicios y prácticas (Unidad I ~ Unidad III)

Completa la tabla

ㄱ	ㄴ	ㄷ	ㄹ	ㅁ	ㅂ	ㅅ	ㅇ	ㅈ	ㅊ	ㅋ	ㅌ	ㅍ	ㅎ	
가	나	다	라	마	바	사	아	자	차	카	타	파	하	ㅏ
거	너	더	러	머	버	서	어	저	처	커	터	퍼	허	ㅓ
고	노	도	로	모	보	소	오	조	초	코	토	포	호	ㅗ
구	누	두	루	무	부	수	우	주	추	쿠	투	푸	후	ㅜ
그	느	드	르	므	브	스	으	즈	츠	크	트	프	흐	ㅡ
기	니	디	리	미	비	시	이	지	치	키	티	피	히	ㅣ
개	내	대	래	매	배	새	애	재	채	캐	태	패	해	ㅐ
게	네	데	레	메	베	세	에	제	체	케	테	페	헤	ㅔ

Completa los espacios en blanco.

가 매 노 크 무 비 허 시

Las siguientes palabras son anglicismos asimilados al idioma coreano. Lee cada una en voz alta y marca el equivalente de la palabra en inglés de la cual creas que se deriva.

라디오 ↦ (2) radio

피자 ↦ (1) pizza

버스 ↦ (4) bus

커피 ↦ (2) coffee

테이프 ↦ (3) tape

Unidad IV. Vocales Compuestas (이중모음) Parte 1 - y+vocal

    Prueba Rápida

        1. (4) "ya" como en "yate"

        2. (4) ㅐ y ㅔ

        3. (2) 쟤

        4. (1) 갸

        5. (3) 폐

        6. (4) 유요

        7. (2) 녀뮤

Unidad V. Vocales Compuestas (이중모음) Parte 2 - w+vocal y u+i

    Prueba Rápida

        1. (2) "ua" como en "huarache"

        2. (1) 의

        3. (1) ㅟ

        4. (2) 워

        5. (2) 웨위

        6. (1) 놔

        7. (4) 뉘줴

Ejercicios y prácticas (Unidad IV ~ Unidad V)

    Completa la tabla

	ㅑ	ㅕ	ㅛ	ㅠ	ㅐ	ㅔ	ㅘ	ㅝ	ㅙ	ㅞ	ㅚ	ㅟ	ㅢ
ㄱ	갸	겨	교	규	걔	계	과	궈	괘	궤	괴	귀	긔
ㄴ	냐	녀	뇨	뉴	냬	녜	놔	눠	놰	눼	뇌	뉘	늬
ㄷ	댜	뎌	됴	듀	댸	뎨	돠	둬	돼	뒈	되	뒤	듸
ㄹ	랴	려	료	류	럐	례	롸	뤄	뢔	뤠	뢰	뤼	릐
ㅁ	먀	며	묘	뮤	먜	몌	뫄	뭐	뫠	뭬	뫼	뮈	믜
ㅂ	뱌	벼	뵤	뷰	뱨	볘	봐	붜	봬	붸	뵈	뷔	븨
ㅅ	샤	셔	쇼	슈	섀	셰	솨	쉬	쇄	쉐	쇠	쉬	싀
ㅇ	야	여	요	유	얘	예	와	워	왜	웨	외	위	의
ㅈ	쟈	져	죠	쥬	쟤	졔	좌	줘	좨	줴	죄	쥐	즤
ㅊ	챠	쳐	쵸	츄	챼	쳬	촤	춰	쵀	췌	최	취	츼
ㅋ	캬	켜	쿄	큐	컈	켸	콰	쿼	쾌	퀘	쾨	퀴	킈
ㅌ	탸	텨	툐	튜	턔	톄	톼	퉈	퇘	퉤	퇴	튀	틔
ㅍ	퍄	펴	표	퓨	퍠	폐	퐈	풔	퐤	풰	푀	퓌	픠
ㅎ	햐	혀	효	휴	햬	혜	화	훠	홰	훼	회	휘	희

Completa los espacios en blanco.

좌 뒤 궈 튜 료 혜 뫼 캬

Las siguientes palabras son anglicismos asimilados
al idioma coreano. Lee cada una en voz alta y marca
el equivalente de la palabra en inglés de la cual creas
que se deriva.

티슈 ↣ (4) tissue

웨이터 ↣ (3) waiter

키위 ↣ (2) kiwi

와이프 ↣ (1) wife

화이트보드 ↣ (4) whiteboard

Unidad VI. Bat-chim (받침, Consonantes finales)

Prueba Rápida

1. (1) ㄱ
2. (3) ㅍ
3. (4) Suena como "ng" en "ring" o "gong".
4. (4) ㅊ
5. (3) 갈
6. (1) 솜
7. (3) 송임

Unidad VII. Consonantes dobles (쌍자음)

Prueba Rápida

1. (2) ㄴ
2. (3) "p" como en papá
3. (2) 빵
4. (3) 큼
5. (3) 탐

6. (2) 짱
7. (2) 썬

Unidad VIII. Consonantes compuestas como Bat-chim

(겹받침)

Prueba Rápida

1. (3) [아나요]
2. (2) [담따]
3. (1) 없어요
4. (3) 넙른
5. (2) 밟으면

Ejercicios y prácticas (Unidad VI ~ Unidad IX)

Combina estos grupos de tres letras para formar
sílabas, al igual que en el ejemplo.

ㅁ + ㅗ + ㅅ = 못

ㄷ + ㅏ + ㅂ = 답

ㅂ + ㅕ + ㄱ = 벽

ㅂ + ㅣ + ㅈ = 빛

ㅅ + ㅜ + ㄹ = 술

ㅊ + ㅓ + ㄴ = 천

ㅎ + ㅐ + ㅁ = 햄

ㅎ + ㅑ + ㅇ = 향

ㄲ + ㅡ + ㅌ = 끝

ㄸ + ㅏ + ㅇ = 땅

ㄱ + ㅠ + ㄹ = 귤

ㄱ + ㅘ + ㅇ = 광

ㄲ + ㅝ + ㅇ = 꿩

ㅇ + ㅖ + ㅂ = 웹

ㅇ + ㅞ + ㅅ = 옛

Completa los espacios vacíos.

땅 꿀 쨈 쓸 팔 궁 몸 캔

Las siguientes palabras son anglicismos asimilados
al idioma coreano. Lee cada una en voz alta y marca
el equivalente de la palabra en inglés de la cual creas
que se deriva.

컴퓨터 ↣ (4) computer

아이스크림 ↣ (2) ice cream

햄버거 ↣ (3) hamburger

메이크업 ↣ (4) makeup

이메일 ↣ (4) email

1. (3) ㅣ

2. (2) ㅇ

3. (1) ㅎ

4. (4) 용

5. (3) 와

6. (2) Para pronunciar el sonido ㅚ, debes pasar rápidamente de pronunciar el sonido ㅗ al sonido ㅣ.

7. (1) 외계 & (3) 왜걔

8. (1) Sejong el Grande

9. 웨

10. 우이

11. 와

12. 워

13. 으이

14. 우웨

15. 우유

16. 왜어

17. 오와

18. 여으

19.

ㄱ ↣ (ㅋ)

ㅈ ↣ (ㅊ)

ㄷ ↣ (ㅌ)

ㅂ ↣ (ㅍ)

20. ㄱ, ㄷ, ㅂ, ㅅ, ㅈ

21.

아이스크림 = ice cream

햄버거 = hamburger

피자 = pizza

버스 = bus

커피 = coffee

22. El sonido más parecido a ㅓ en español es el de la letra "o" pero cuando se pronuncia, se debe abrir más la boca que cuando se pronuncia la "o" y se debe evitar redondear los labios.

23.

[gong] = 공

[pyo] = 표

[so-ra] = 소라

[ji-min] = 지민

[gim-bap] = 김밥

24. 파

25. 술

26. 꿩

27. 켜다

28. 서울

29. 광주

30. 싸움

Capítulo IV. Hangeul escrito a mano

Unidad III. Prueba de coreano escrito a mano

1. (3)
2. (2)
3. (3)
4. (1)
5. (2)
6. (3)
7. (1)
8. (4)
9. (1)
10. (2)
11. (3)
12. (2)
13. (4)
14. (3)
15. (4)
16. (1)
17. (2)
18. (1)
19. (2)
20. (3)
21. (2)
22. (2)
23. (2)
24. (1)
25. (3)
26. (4)
27. (3)

28. (3)
29. (1)
30. (3)
31. (2)
32. (4)
33. (2)
34. (1)
35. (3)
36. (1)
37. (3)
38. (2)
39. (4)
40. (3)
41. (2)
42. (3)
43. (2)
44. (4)
45. (2)
46. (1)
47. (1)
48. (3)
49. (4)
50. (2)
51. (2)
52. (3)
53. (2)
54. (3)

55. (2)
56. (2)
57. (2)
58. (4)
59. (4)
60. (2)

이 책의 제작을 위해서 손글씨를 보내 주신 분들께 진심으로 감사 드립니다.
Un agradecimiento especial a las siguientes personas por haber aportado los ejemplos de escritura a mano utilizados en este libro:

강나린 님, 강현아 님, 고미연 님, 곽민지 님, 곽영란 님, 권오민 님, 김락형 님, 김미영 님, 김민선 님, 김새늘 님, 김소정 님, 김정자 님,

김지연 님, 김진겸 님, 김진아 님, 김철 님, 김철훈 님, 김현정 님, 김혜민 님, 김효신 님, 김효원 님, 김효진 님, 김희소 님, 박세희 님,

박여명 님, 박인제 님, 박진경 님, 방현지 님, 배유진 님, 배정화 님, 백경희 님, 변은지 님, 복은진 님, 서정예 님, 석지영 님, 선경화 님,

선현우 님, 신나라 님, 신용준 님, 안효진 님, 염인선 님, 왜가리 님, 우상호 님, 우은미 님, 유인아 님, 유희철 님, 육종찬 님, 윤다원 님,

윤혜민 님, 이기쁨 님, 이수정 님, 이슬기 님, 이승희 님, 이영은 님, 이유미 님, 이현경 님, 이현수 님, 임수진 님, 장미솔 님, 장진아 님,

전유임 님, 전인서 님, 전한샘 님, 정소라 님, 정예라 님, 정유진 님, 정지영 님, 조민호 님, 조수연 님, 조혜주 님, 주정은 님, 지영민 님,

진석진 님, 천해정 님, 최아름 님, 최진혜 님, 한고운 님, 황은진 님, 황은진 어머님, 황현영 님 등 손글씨로 참여해 주신 모든 분들 감사합니다.

Dibujado por Daniel Shannon
de "The Noun Project"

Dibujado por Takao Umehara
de "The Noun Project"

Dibujado por Ema Dimitrova
de "The Noun Project"

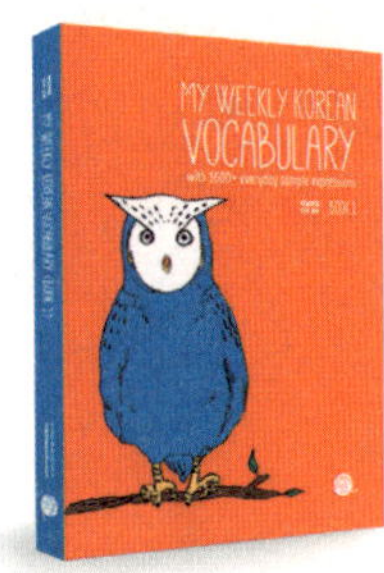

MY WEEKLY KOREAN VOCABULARY

Este libro está diseñado para ayudarte a aprender palabras comunes de vocabulario coreano y cómo utilizarlas en su contexto. Se presenta una palabra clave nueva cada día por 12 semanas y va acompañada de 20 frases de ejemplo con explicaciones detalladas y traducciones al inglés.

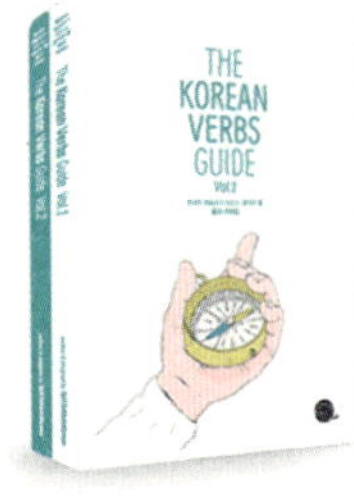

THE KOREAN VERBS GUIDE VOL.1&2

El libro The Korean Verbs Guide te ayudará a entender cómo se conjugan y se utilizan 100 de los verbos coreanos más comunes. Además de las tablas de conjugación, encontrarás muchos ejemplos de frases y cuestionarios para ayudarte a sentirte más cómodo con el uso de los verbos al hablar y escribir.

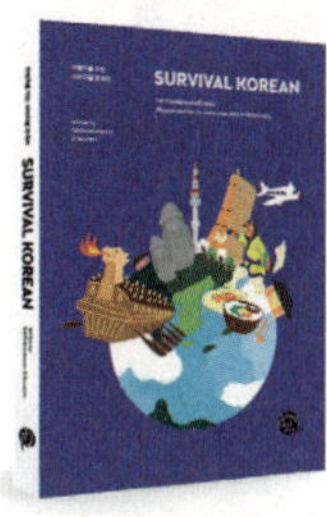

SURVIVAL KOREAN

El libro Survival Korean contiene las frases en coreano más esenciales que necesitas saber mientras viajas o vives en Corea, está dividido en 20 situaciones diferentes, cada una con explicaciones detalladas acerca las frases y con información útil y divertida acerca de las circunstancias en las que las frases son utilizadas.

Visita **MyKoreanStore.com** si deseas adquirir un ejemplar de estos libros.

한글마스터 MÁSTER DEL HANGEUL

1판 1쇄	Primera edición publicada en español	1 de julio de 2014
1판 4쇄	Cuarta edición publicada en español	24 de enero de 2022
지은이	Escrito por	TalkToMeInKorean
번역	Versión en español escrita por	하비 말도나도 Javi Maldonado
감수	Versión en español editada por	마르따 리베스 Marta Ribes
책임편집	Editado por	선경화 Kyung-hwa Sun, 스테파니 베이츠 Stephanie Bates, 진석진 Seokjin Jin
디자인	Diseñado por	선윤아 Yoona Sun
삽화	Ilustrado por	장성원 Sungwon Jang
녹음	Grabación de voz por	선현우 Hyunwoo Sun, 선경화 Kyung-hwa Sun
펴낸곳	Publicado por	롱테일북스 Longtail Books
펴낸이	Editor	이수영 Su Young Lee
편집	Editado y corregido por	정소이 Soyi Jeong, 김보경 Florence Kim
주소	Dirección	04033 서울특별시 마포구 양화로 113, 3층(서교동, 순흥빌딩)
		3rd Floor, 113 Yanghwa-ro, Mapo-gu, Seoul, KOREA
전화	Teléfono	+82-2-3144-2708
팩스	Fax	+82-2-3144-2597
이메일	E-mail	TTMIK@longtailbooks.co.kr
ISBN	978-89-5605-720-0	13710

*이 교재의 내용을 사전 허가 없이 전재하거나 복제할 경우 법적인 제재를 받게 됨을 알려 드립니다.

*잘못된 책은 구입하신 서점이나 본사에서 교환해 드립니다.

*정가는 표지에 표시되어 있습니다.